科学的「言葉」の使い方

A SCIENTIFIC APPROACH OF 'WORDS' TO REALIZE YOUR GENUINE WISHES

本当の望みを叶える「言葉」の使い方

小森圭太
KOMORI KEITA

ダイヤモンド社

はじめに

言葉が運命を作っている

思考に氣をつけなさい、それはいつか言葉になるから。
言葉に氣をつけなさい、それはいつか行動になるから。
行動に氣をつけなさい、それはいつか習慣になるから。
習慣に氣をつけなさい、それはいつか性格になるから。
性格に氣をつけなさい、それはいつか運命になるから。

これはマザー・テレサの言葉とされています。
有名な言葉ですので、きっとこの本を手に取ったあなたも一度や二度は見聞きしたことがあるかもしれませんね。

マザー・テレサはまず「思考に氣をつけなさい」と言っていますが、思考もそのほとんどは脳内の言葉です。そういう意味では、まずは脳内でつぶやいている言葉に氣をつけなさい、ということになりますよね。

すべては「脳内の言葉」から始まり、それが結果的には自分の運命につながっていると。

また、キリスト教の聖書の冒頭にはこんな言葉が載っています。

「初めに言があった。言は神と共にあった。言は神であった。この言は、初めに神と共にあった。万物は言によって成った。成ったもので、言によらずに成ったものは何一つなかった」　（日本聖書協会『聖書　新共同訳』ヨハネによる福音書1：1〜3）

ここで言う「言」とは言葉のことですが、言葉がそもそも神であり、まず「言葉ありき」ですべてが始まったとしています。

日本にも「言霊」という言葉があるように、**言葉には特別な力があり、それが肉体や環境などに影響している**としていますよね。

あなたはどうですか？　言葉そのものに力があると思いますか？

実感できるレベルで考えてみると、例えば、人から責められたり非難されたりすると氣分的に落ち込んだりしますが、褒められたり認められたりすると嬉しい氣分になったりしますよね。これなどはまさに言葉による影響です。

ただ実際、言葉による影響はこれだけではありません。発声している、していないにかかわらず、言葉は肉体や環境などに大きく影響を及ぼしていることが今や科学的にも解明されています。

マザー・テレサが言う思考、つまり**言葉が運命につながっている**というのは今や科学的事実なのです。

現実は言葉でできている

思考も言葉、コミュニケーションも言葉、何かを定義する時も言葉。言葉は日常にあふれていて、私たちは言葉の中で生きているとも言えますよね。

言葉のない生活なんて考えられますか？

あなたの現実は、あなたが何氣なく日々使っている言葉と必ず連動しています。別の言葉で言えば、**あなたの現実はあなたの言葉でできている**、ということです。

例えば、あなたが「あー、ついてないなー、最悪」なんて言葉を常に何氣なくつぶやいているのなら、あなたは、ついてない、最悪を感じる現実を生きているはずです。あなたが「いやー、私ってすごいなー、最高‼」なんて言葉を常に何氣なくつぶやいているのなら、あなたは「自分はやっぱりすごい‼」と自覚する人生を生きているはずです。

あなたの周りの人も見回してみてください。その人の現実は、その人が何氣なく発している言葉通りになっていると思いませんか？

その人が何氣なく使っている言葉が、その人の現実なのです。

言葉の選択＝現実の選択

理論物理学者や脳科学者は「万人に同じ現実などない、ただ解釈があるだけ」と言います。実際その通りなのです。

例えば、何か自分の思い通りにいかないことがあった時に、「あー、ついてないなー、最悪」なんて言葉をつぶやいている人は、その現実を「最悪」と解釈している。

同じく自分の思い通りにいかないことがあった時に、「待てよ、もっとうまくいく方法があるのかもしれない」なんてつぶやいている人は、その現実を「飛躍のチャンス」と解釈している。

起こっている現象が同じでも、解釈が違うので現実も違うわけです。

そして、**解釈の仕方で次の思考の流れも決まっていくので、その思考に基づいて現実もどんどん違う展開になっていきます。**

つまり、「ついてないなー、最悪」と解釈している人はさらに「ついてない、最悪」

と感じることに思考を巡らすので、そうなる現実がどんどん表れる。

逆に、「もっとうまくいく方法があるのかも」と解釈している人は「もっとうまくいく方法」に思考を巡らしているので、「もっとうまくいく方法」を思いつきやすくなり、どんどん飛躍してしまう。


解釈の仕方、つまり、どんな言葉を使うかで、どんどん現実が変わっていくのです。

あなたの現実は、言葉の選択の結果なのです。

望ましい言葉を選択し、望ましい現実を作っていく

本当のあなたはどんなことを望んでいるのでしょう?

本当のあなたはどんなことを大切にしたいと思っており、どんなことに幸せや喜びを感じ、またどんなことで楽しさや充実を感じたいのでしょう?

そして、それらをより現実に反映させるために適切な言葉を選択していますか?

そんなことを考えなくても楽しいし、十分幸せを感じているというのなら、この本

は必要ないと思います。

逆に、毎日に何となく違和感を抱いていたり、このままで本当にいいのだろうかという漠然とした不安があるのなら、この本がお役に立つと思います。

あなたは、違和感や漠然とした不安を毎日抱えながら過ごし、週末や休日だけが唯一の楽しみという人生を送るためにこの世に生まれてきたのでしょうか？

おそらく違うと思うのです。少なくともこの本を手に取り、「ちょっと読んでみたい」と感じるのなら、確実に違うはずです。

どうぞこの本を手に取っていただき、本当の望みを自覚して、その望みを現実化する方向に舵を切ってください。

今ここからの未来に、過去は関係ありません。

今ここからの望ましい言葉の選択が、望ましい未来を作っていくのです。

はじめに 3

第1章

科学的視点から見た「言葉」の力 19

第2章 「言葉」を操る側になる 49

CONTENTS

第3章

感覚、感性を呼び覚ます

第4章 望んだ人格に作り変える 109

第5章 方向を見極め、流れに乗る 121

CONTENTS

第6章

本当の望みに向かっての踏み出し方

第7章

陰の感情への対処法

173

第8章

良い状況に転換し、維持するための言葉の使い方

193

CONTENTS

第9章

さらに良い状況を引き寄せる言葉の習慣

CONTENTS

第1章

科学的視点から見た「言葉」の力

言葉はどこで作られているのか、というと、それは当然「脳」ですよね。

脳には言語野（言語中枢）と呼ばれる部位があり、そこが言語処理の中枢になっています。

ただ、そこだけで言葉を作っているわけではなく、主に左脳のいろいろな部位と連携しながら言葉を作っており、実はちょっとした談話やユーモア、発声の抑揚などは右脳も関わっているとされています。

つまり、言葉による思考は脳全体の活動なのです。

脳に個体差はない

脳の活動というと、いわゆる「頭の良し悪し」などにも関係しそうな感じがしますが、あなたは豊かで幸せになることと頭の良さには関係があると思いますか？

もちろん、何をもって「頭がいい」とするのかにもよりますが、一般的な考え方としては、頭がいい＝学校の成績がいい＝学歴が高い＝いい企業に就職できる＝給料が良く待遇がいい＝豊かで幸福、なんていう図式が考えられます。

だから多くの人は、「はー、もっと頭が良ければなー」なんてことを考えるわけです。

私だってそう考えたことは何度もありますし、きっとあなたにもあるはずです。

この、「もっと頭が良ければなー」、ということをもっと詳しく言えば、「もっと脳の性能が良かったらなー」なんてことですよね。

ただ事実を言えば、あなたも私も、いわゆる天才と言われる人たちでさえも、ほぼ同じ性能の脳を頭に入れています。パソコンやスマホの性能はCPUなどの搭載されている部品で変わりますが、私たちの脳はそうではなく、ほぼ同じ性能と言えるのです。

つまり、人間の脳は、構造での個体差はほとんどありません。

もちろん、障害や病氣などがあれば別ですが、基本的には、人類であれば皆ほぼ同じ性能の脳を頭に入れているのです。

でも実際には、「頭の良し悪し」など性能の差を感じてしまう経験は誰にでもあるはずです。

ではなぜ、「脳の性能の差」が出るのか？

単純に言えば、脳の神経回路の発達度合が影響しているると言えるんです。

言葉が脳を作り変える

脳の神経回路を簡単に言えば、思考する時につながる電氣回路みたいなものです。ご存じかもしれませんが、私たちの思考は、脳内の神経が電氣信号によってつながることで生まれます。そういう意味では、私たちの思考は脳内の電氣信号とも言えるわけです。

2000年に神経系の情報伝達に関する発見でノーベル生理学・医学賞を受賞したエリック・カンデル医師の研究によると、脳から神経の束（神経束）へ電氣信号が伝わると、その神経の束は急速に成長すると言います。

同じ刺激をわずか1時間繰り返すだけで、脳は神経活動を伝える通路を瞬時に書きかえ続けて、その伝達力は2倍にもなるそうです。つまり、脳の構造は、思考に合わせてその神経回路を常に変化させ続けているということです。

実際、脳神経細胞内の微小な管《くだ》は、作られてから消滅するまでわずか10分という寿命しかないので、私たちの脳は常に神経回路を「作っては壊し」を繰り返し続けているわけです。ですので、私たちの脳は常に一定の状態ということはなく、思考に合わせて変化し続けているのです。

でも、考えてみれば、そのような特徴は私たちの身体のほかの部位にも見られます。

腕の筋肉をトレーニングすれば腕の筋肉が太くなるし、歩かなくなると脚の筋肉は衰えていきますよね？　それと同様、よく使う脳の神経回路、つまりよく思考する回路はどんどん強化され、成長していき、逆に使わなくなった回路はどんどん除去されていくわけです。

それは、**あなたがよく使う言葉、つまり思考に合わせて、脳の神経構造が常に変化しているん**ということなんです。

そういう意味では、あなたが、あなた自身の意思によって、脳の神経回路の構造を作り変えることができる、ということなのです。

あなたが自身の思考、それはつまり言葉ですが、その言葉に注意を払い、あなたが望んでいるような感情状態を作る言葉や、あなたの可能性を広げたり、あなたの能力を高めたり、あなた自身を尊重するような言葉を意識して使うようにすれば、それに合わせてあなたの脳の構造は変化していくことになります。

意識的に望ましい言葉を使うことで、望ましい状態の脳を自分で作ることができるのです。

そして当然ながら、**望ましい思考回路が構築されれば、すなわちそれが無意識の思考パターンとなり、特に強く意識しなくても自然に望ましい方向に思考することになります。**

なぜなら、脳は人体エネルギーの20％を消費する「大飯食らい」なので、なるべく省力化してエネルギー消費を減らそうとするからです。ですから、すぐに思考をパターン化、つまりその神経回路を強化して、余計な思考を減らそうとするわけです。

思考と意識は連動している

無意識の思考パターンをもっと簡単な言葉にすれば、「思考グセ」でしょうか。

あなたにも何らかのクセや習慣はあるはずですが、クセや習慣になっているものは特に意識しなくても自動プログラムのようにやっているはずで、これも何度も繰り返すことで脳の神経回路が強化され、成長したためにそうなっているわけですよね。

それは思考についても同じことなのです。


何度も同じ思考を続けていれば当然、その神経回路はどんどん強化され、成長していき、自動的に同じようなパターンの思考をするようになります。

そういう意味では、イライラしたり、不安になったり、自分の能力に制限をかけたり、自分の可能性を狭めたり、欠乏を感じるような思考を繰り返していれば、その神経回路がどんどん強化され、成長していき、それが無意識の思考パターンとなってしまいます。

その逆も然《しか》りで、氣分が良くなったり、楽しくなったり、自分の能力が高まったり、自分の可能性が広がったり、豊かな氣持ちになるような思考を繰り返していれば、そうなります。そして、そのような無意識の思考パターンに合わせて、さらにそのように思考したくなる現実を見たり聞いたりするようになります。

なぜなら、**脳には意識したものだけを捉える仕組みがある**からです。

例えば、毎日通っている会社やカフェの床の色は何かと聞かれて、瞬時に正確に思い出せる人はまれでしょう。思い出せないのは、たとえ目に入ってはいても、床の色など意識していないからです。

これは、脳内にある「脳幹網様体賦活系《のうかんもうようたいふかつけい》（ＲＡＳ）」という器官がフィルターのような役割を果たして、意識していることだけを見る、聞くようにしているためなのです。つまり、実は私たちは**「意識した部分」だけ見て、聞いている**というわけです。

そうなると、これも当然のこととして、イライラしたり、不安になったり、自分の能力に制限をかけたり、自分の可能性を狭めたり、欠乏を感じるような思考を繰り返したりしていれば、さらにそう感じる現象に自然と目が行き、そう感じる音や声（言葉）を拾うようになるわけです。

だから余計にそう思い込み、これが繰り返されれば確信となる。つまり、信念体系として脳内に強固な神経回路が形成されるわけです。

そういう意味では、うまくいっている人は、これとは正反対の思考を脳内で繰り返しているわけです。

要するに、氣分が良くなったり、楽しくなったり、自分の能力が高まったり、自分の可能性が広がったり、豊かな氣持ちになるような思考を頻繁に巡らしている。そして、そのような信念体系ができあがっているので、それに合わせて、さらにそのようになる現実が展開するわけです。これは脳の仕組みからくるメカニズムのようなものなので、誰がやってもそうなります。

信念が現実を作る

そのような信念体系はさまざまな出来事の解釈に影響しています。考えてみてください。同じことを意識していても、それをどう解釈するかは人それぞれで違いますよね。

例えば、あなたが株式投資をしており、株の動向を常に氣にしているとします。その株が大幅に下落した場合、あなたはその現象をどう解釈しますか?

そういう状況で「やばい、不景氣になる。早く売らないと‼」なんて思う人もいれば、「お、株が安くなった。買い増しするチャンス‼」なんて思う人もいるわけです。

株価の下落を「やばい、不景氣になる」と解釈した人にとっては恐れと不安が増大したピンチという現実ですが、「買い増しのチャンス‼」と解釈した人にとっては、ワクワクするようなチャンス到来という現実なのです。

つまり、意識の置きどころが同じ「株価」であり、起こった現象も「株価の下落」

で同じではあるのですが、起こった現象に対する解釈がまるで違うわけです。

ですので、厳密に言えば、**あなたの現実は「あなたが何を意識して、それをどう解釈しているか」**ということになるのです。

そして先の例で言えば、「やばい、不景氣になる。早く売らないと‼」なんて思う人は、信念体系に「不安」が多いはずです。

いわば、脳の神経回路が「恐れや不安」で強固に築かれているため、自動的に「恐れや不安」を増幅する思考、つまり「損したら嫌だ」とか「お金を失ったらどうしよう」という言葉が生まれる。だから結果的に「早く売ってなるべく損しないようにしよう」という行動に出るわけです。

一方、信念体系が楽しさや可能性を広げる思考で占められている人は、「お、株が安くなった。買い増しするチャンス‼」なんて思い、売りに出された株を買ってさらにお金持ちになるわけです。実際にお金持ちはこういうチャンスを利用するので、どんどんお金持ちになるのです。

このような違いの元をたどれば、すべては脳内の思考、つまり言葉であり、それは

強固に築かれた脳の神経回路、つまり信念体系によるわけです。マザー・テレサが言う、思考から始まり、それが運命にまで影響するということは、こういうことです。

そういう意味では、信念体系を望ましいものに変えさえすれば、それが望ましい運命につながっていくということでもあります。

それが、「言葉を変える」ということなのです。

思考や言葉が環境に影響している

ポリグラフ（ウソ発見器）の第一人者で元ＣＩＡの尋問官だったクリーヴ・バクスター氏が発見した現象で、バクスター効果と呼ばれるものがあります。

観葉植物にポリグラフをつないで組織内の水の動きを分析している時、彼がふと「植物を燃やして反応を見てみよう」と考えると、突如、ポリグラフが強い反応を示したのです。そこで彼は、人間や動物の挙動に対する植物の反応について検証を重ね、「植物は他者の思考を読み取り、感情的に反応する」との結論に至りました。

また、世界で初めて無肥料・無農薬でのリンゴ栽培に成功した木村秋則さんは、リンゴの木それぞれに感謝や褒め言葉をかける習慣があると言います。この習慣を始めたのが、無農薬でのリンゴ栽培に行き詰まっていた時だそう。このままではリンゴの木が朽ちてしまう、でもどうすればいいのかわからないという思いから、自然とリンゴの木に声かけをするようになったそうです。

ただ、リンゴの木に話しかけているのを他人に見られたら、「あいつ、ついにおかしくなった」などと思われてしまうので、あえて隣の畑との境にある木には話しかけなかったとのことです。

しばらくすると、話しかけたリンゴの木はしっかり根をはるようになり、元氣を取り戻したものの、声をかけなかったリンゴの木は枯れてしまったとのこと。そんな体験から木村さんは、言葉にはエネルギーがあると実感したそうです。

もちろん、「単なる偶然」と捉えることもできます。

しかし、大金持ちで有名な斎藤一人さんも、その人の運を良くする「天国言葉」と、運を悪くする「地獄言葉」がある、と言っています。

私もセッションや講座などで言葉を使った実験をやるのですが、「頭の中で発している言葉が自分の身体や他人の身体に影響している」としか思えない結果が出ることがあるのです。そして実際に、頭の中で発している言葉やそれに伴う感情が、他人を含めた環境に影響を及ぼしている研究結果がいくつもあります。

誰もがエネルギーフィールドを形成している

頭の中でつぶやく言葉は思考であり、物理的に言えば思考は脳内の電氣信号です。電氣信号ということは、そこに必ず電磁波などの「波」が生じています。

さらに言えば、思考には必ず何らかの感情が伴っており、心臓はその感情に反応して、脳よりもはるかに強力な電磁波を出すことがわかっています。

米国ハートマス研究所の発表によると、脳から発せられる電磁波と心臓からの電磁波を比較すると、心臓から発せられる電場は脳の60倍、磁場は脳の5000倍にもなるそうです。つまり、あなたは電磁場というエネルギーフィールドをあなたの周りに作っているのです。

そして、身体から発せられた電磁波は少なくとも5メートル先まで影響を与えるそうですので、距離が10メートル以内に近づいた他人とは、お互いのエネルギーフィールドが影響し合い始めていると言えます。

つまり、たとえ言葉を交わしていなくても、**エネルギーフィールド同士でコミュニケーションをとっている可能性がある**わけです。

よくペットの犬は、ご主人が帰ってくる際に玄関のドアを開けるだいぶ前から

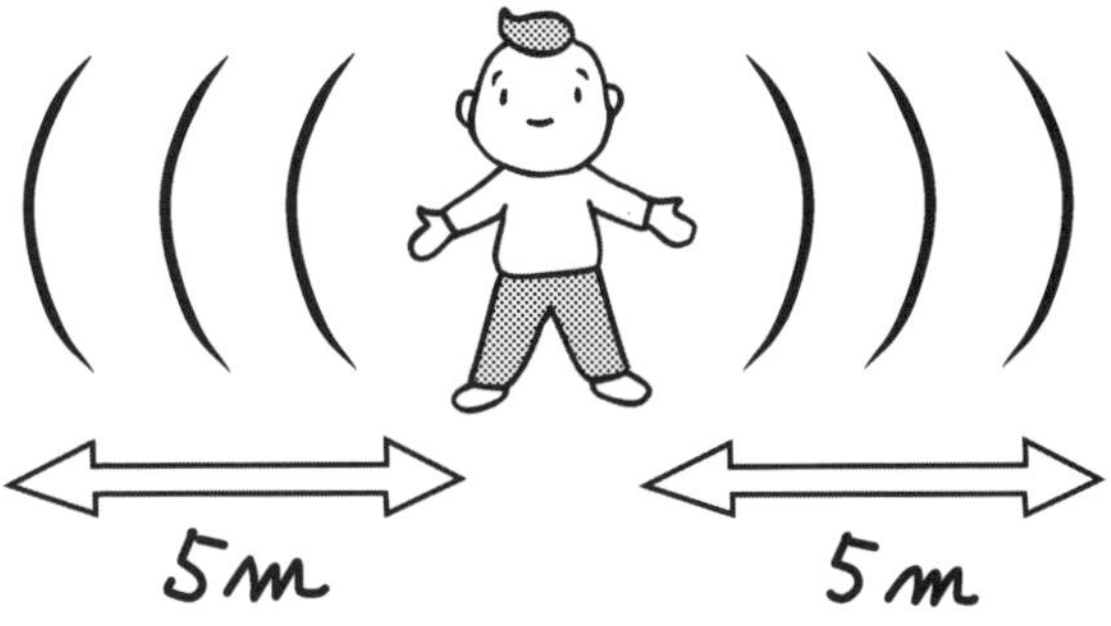

吠え始めたりしますが、これももしかしたらご主人のエネルギーフィールドを感じ取っているのかもしれません。

また、「この人が来ると場がなごむ」という人もいれば、「あの人が来ると場がピリピリする」という人もいますよね？ これもその人が持つエネルギーフィールドが周りの人たちに影響していると考えられるのです。

思考や感情は伝染する

実際に、思考とそれに伴う感情は伝染するということがわかっています。

これはあなたにも経験があると思いますが、友達が笑っていると、なぜか自分も笑いたくなったり、逆に友達が落ち込んだ表情をしていると、なぜか自分も氣分が落ち込んでくることがあります。

まったくの他人であったとしても、たまたま電車で隣に座った人があくびをしたら、自分もあくびをしてしまったり。

場の雰囲氣にしてもそう。緊張感漂うピリピリした感じの場所だと自分もなぜか緊張してきたり、ゆったりリラックスできる場所だと自然とリラックスできたりする。こんな経験が、きっとあなたにもあるはずです。

私たち人間には、他人やその場の雰囲氣に影響を受け、無意識に他人やその場の雰囲氣に合わせてしまう習性があるのです。

米国マサチューセッツ州のフラミンガムという街で、20年以上にわたり、幸福度とその影響の度合を調べる研究が行われました。

この研究でわかったのは、幸せの感情は伝染するということ。

この研究を実施したハーバード大学の医療社会学者であるニコラス・A・クリスタキス教授は、「自分がどんな感情を抱くかは、他人が行動し経験していることからも影響を受ける。幸福な感情は伝染する」と言います。

実際、幸福感の波及効果は3段階で広がっていくとされ、幸せを感じている友人がいる人の幸福感は15％増加する可能性があり、直接その友人を知らない人でも間接的に影響を受け、幸福感が6％増加するそうです。これは、**自分が幸福を感じると、あなたの周りにいる人も幸福を感じやすくなり、その幸福感は間接的にも広がっていく**ということです。

実際、先ほども言った通り、私たちは目に見えないエネルギーフィールドを自分の周りに形成しており、そのエネルギー同士でコミュニケーションをとっています。また、脳内にはミラーニューロンという細胞があり、他人の表情や言葉、雰囲氣などを無意識に真似てしまうのです。

そういう意味では、**あなたが幸福感を得られることを意識し、幸福感を得られる言葉を使い、幸福感を得られている時間が長ければ長いほど、周りもあなたの幸福感に影響を受け、幸福になる。そして、周りの人が幸福になれば、その影響をあなたも受け、あなたもますます幸福になる**ということです。

思考も言葉もエネルギー

あなたが常にエネルギーフィールドを作っていることはおわかりいただけたと思いますが、そもそもこの宇宙に存在しているものを大きく2つに分けると、「物質」と「エネルギー」になります。

当然ながら、あなたの肉体は物質に分類されます。

そしてちょっと意外かもしれませんが、厳密に言えば、あなたの目の前にある空間も物質です。

あなたの周りにある空氣は、酸素、窒素、二酸化炭素などのさまざまな原子で構成されており、それらの原子には元素記号がある通り、基本的には物質なのです。

物質以外のものがエネルギーなのですが、その代表的なものが「熱」です。

だって、「熱」の元素記号はありませんよね？　もっと言えば「熱」の素粒子もない。光は「光子」という素粒子（量子）ですが、熱にはそのような素粒子がありません。ということは「熱」は純粋なエネルギーというわけです。

そう考えた場合、あなたの意識はどうでしょう？

意識の元素記号、意識の素粒子はありますか？　ないですよね。ということは、意識もエネルギー。

言葉はどうでしょう？　言葉も同様にエネルギーですね。

そう考えると、思考も、音も、すべてエネルギーとなります。そして、それらエネルギーが、先に挙げた幸福感の例のように、周りの物質（人間含む）に何らかの影響を与えているわけです。

すべては振動し、共振している

振り子の共振現象をご存じですか？

かなり昔から知られている現象で、オランダの物理学者クリスティアーン・ホイヘンス氏によって明らかにされたものです。

現象を説明すると、こんな感じです。

振動が伝わりやすい台の上にメトロノームをたくさん置いて、それぞれのメトロノームをランダムに動かし始めます。最初は当然動きがバラバラですが、徐々にそろうメトロノームが現れ始めます。それが3分も経つと、すべてのメトロノームがすっかり同じタイミングになってしまうのです。

このような共振の現象は、何も振り子だけで起きるわけではありません。現代科学では、このような共振（共鳴）現象が地球レベルから細胞レベル、ひいては原子レベ

ルにまで見られることが明らかにされています。

もちろん、その中にはあなたの肉体も含まれます。

事実として、この宇宙に存在しているすべてのものは常に振動しており、止まっているものは何ひとつありません。その辺に転がっている石でも、分子レベルでは振動しているわけです。

そう考えると、この世界そのものが共振、共鳴の世界と言えるわけです。

つまり、メトロノームが同期するのと同様の現象が、現実にミクロ、マクロのさまざまな場面で起きているということです。

現にそのような現象を研究している学者が、日本を含め世界中に大勢います。

振動数は選択できる

この同期現象は、言いかえれば、「振動が合うように自動的にバランスをとる現象」と言えます。

そういう意味では、あなたもメトロノームと同様、周囲の環境や周りにいる人の振動とバランスをとって、自動的に同期していると言えるわけです。

自然豊かな清々しい環境に行けば、その環境と無意識に同期して、氣持ち良くなってくる。殺伐としてギスギスした人間関係の環境に行けば、その環境と無意識に同期して、氣分が悪くなってくる。こんな経験があなたにもあるでしょう? つまり、無意識にその環境やその環境を作り上げている人間の振動と共振し、同期しているわけです。

そう考えると、私たちは常に環境に左右される存在となりますが、真実はさにあらず。なぜなら、私たちは自分で選択できる存在だからです。

心地よさを感じる振動数の場所を選択することもできれば、自分自身を心地いい状態の振動数にすることもできるのです。

だって、あなたも今ここで、身体全体をリラックスさせた心地いい状態を作れるでしょう? 身体がまったく動かない状態でもない限り、誰にでもできます。

つまり、私たちは**意識的に振動数を変えることで、周りの振動数を自分の振動数に**

同期させ、自分にとって心地いい環境に変化させることもできるということです。

でも、多くの人は自分の振動数なんて意識していません。なので、無意識に嫌な環境の振動数に合わせて嫌な氣分になったり、自分から発している自己卑下、嫌な氣分、不安な氣持ちになる言葉で、そのような環境を作ってしまっているのです。

行動よりも思考が大事な理由

私たちは言葉、思考というエネルギーで、自分の身体や周りの状態をコントロールできる存在です。

通常、何かをコントロールしようとする際は、変えたい先に何らかの働きかけをする、つまり行動することが常識ですよね。でも実際は、行動よりも、言葉、思考のほうが「主」だったりします。なぜなら、その行動の前提となっている思考（言葉）が、すでにあなたの身体や周りの環境に影響しているからです。

例えば、あなたが「現状を何とか打破しよう!!」と頑張っているとします。こういう時はたいてい、「今の状況が大変で、さらに大変にならないように」という不安にフォーカスしている状態です。

そのような際に体内で働いているのは「交感神経」です。交感神経は「闘争と逃走の神経」などと呼ばれ、激しい活動をしていたり、緊張やストレスを抱えている時に働く神経です。交感神経が働いている時は、あなたの筋肉や表情はだいたい硬直しています。

そして、そういう状態の時は、恐れと不安の波（周波数）が身体から出ており、その影響を周りの分子や原子は受けています。場の雰囲氣が「うまくいかない感」に支配されるわけです。ですから実際、なかなかうまくいかないし、仮に何とかなったとしても、すごく大変な思いをしたりします。

反対に、「うわー、これやってみたい!!」という感じで、ワクワクしながら何かに取り組んでいる時はどうでしょう？

こういう時にあなたの身体の中で働いているのは「副交感神経」です。副交感神経は、休息している時やリラックスしている時、またはワクワクしながら何かに集中している時などに働く神経です。こういう時は、あなたの表情は緩んでおり、身体の筋肉も弛緩した状態です。

そして、このような状態で取り組むことは、たいていうまくいきます。楽しさ、嬉しさ、ワクワクの波（周波数）があなたから出ており、その影響を周りが受けるからです。

言葉が脳波や脳内伝達物質を変える

さらに言えば、脳がつぶやいている言葉で脳波も変わってきます。

「何とかしなければ!!」なんて言葉をつぶやきながら無理やり頑張っている時の脳波は高β（ベータ）波の状態で、こういった脳波の状態は高いストレスを受けている時に発せられるものです。

また、脳内にはコルチゾールやアドレナリンなど、ストレスを感じるための脳内伝達物質が大量に出ています。

一方で、リラックスしている時、またはワクワクしながら何かに集中している時の脳波は、α（アルファ）波か浅いθ（シータ）波になっていて、脳内伝達物質もセロトニンやドーパミンなど、心地よさや安心、充実感を得られるものが大量に放出されています。

そして、これら脳波と脳内伝達物質があなたの身体やパフォーマンスに大きく影響を及ぼします。

頑張ると結果は出なくなる

「何とかしなければ‼」などと頑張っている時は、たいてい何らかの恐れや不安から逃れるためだったりします。

そして、先ほどもお話ししたように、この時に2大ストレスホルモンと言われるコルチゾールとアドレナリンが大量に放出され、脳波も高β波になっています。

これらのホルモンも交感神経と同じく、別名「闘争と逃走のホルモン」と言われており、危険を察知して闘うか逃げるかする時のために必要となるホルモンです。なので危機対応時には必要なのですが、必要がなくなると、通常長くても20分以内には分解されるようになっています。

なぜ分解されるようになっているかというと、単純にそのホルモンが長期的に出続けた状態は身体に害となるからです。

特にコルチゾールの値が慢性的に高い状態が続くと、高血圧、記憶に関する中枢神経の破壊、細胞再生力の減少、老化の進行、傷の治癒力低下などといったさまざまな障害が起こります。さらに体内のエネルギー工場と言われるミトコンドリアの機能障害にもつながり、疲労を感じやすく、体力が落ちたと感じるようになるのです。

平たく言えば、2大ストレスホルモンのコルチゾールとアドレナリンが出続けている状態は、身体の機能が衰え、病氣にもなりやすい状態なのです。

また、脳波が高β波だとインスピレーションや直感、ひらめきが起こりにくくなるため、結果、解決策やいい案が思いつかず悩み続ける状態が続いてしまいます。

つまり、このような状態が続くと、身体の調子や脳の働きが悪くなるため、結果が出ないばかりか、その結果が出ない状況に焦りを感じて、さらに頑張り続ける、という悪循環にはまってしまうのです。


一方で、安心している時や、リラックスしている時、またはワクワクしながら何かに集中している時などに出てくるホルモンはセロトニンやドーパミンで、脳波もα波やθ波になっています。

そして、脳波がα波や浅いθ波の時は、ＤＮＡの修復や老化進行の緩和、脳内の学習や記憶の神経回路が促進されることが確認されています。

さらに、そのような脳波の時、脳は「デフォルト・モード・ネットワーク」という状態になっており、非常に活発に活動している状態になっていることが最新の研究でわかっています。つまり、脳が最高の状態になっているのです。

なので、ひらめきやインスピレーションが降りてきたり、いいアイディアが浮かんできたり、運動をしている際にも最高のパフォーマンスが出せたりするのです。

「何とかしなければ!!」なんて感じで頑張っているよりも、ある意味、リラックスして「面白そうー」なんて感じで遊んでいるほうがあなたの最高の状態を作れるのです。

第2章

「言葉」を操る側になる

前章では、思考や言葉の影響を主に脳科学的な視点から解説してきました。

ここまでお読みいただければおわかりだと思いますが、人間は無意識にさまざまな言葉を脳内で思考したり、実際に口から発しており、その影響はあなたの身体ばかりでなく、あなたの周りにも及んでいるのです。

使う言葉によって脳の神経回路、つまり脳の構造が変わり、優位になる自律神経（交感神経、副交感神経）も変わり、優位になる脳波も変わり、心臓から発せられる電磁波も変わり、分泌される脳内ホルモンも変わる。

そしてその結果、目の前の現実も変わるわけです。

ある意味、それだけの力が言葉にはあるのです。

ですので、その言葉を望ましいものに変えることがとても大切なのです。

なかでも、**無意識に発している何気ない言葉が重要**です。なぜなら、**あなたが発している言葉の9割以上は無意識**なのですから。

この章では、あなたが無意識にどんな言葉を使いがちなのか、そしてそれを望ましい言葉に変換するための非常に重要なポイントを解説していきます。

ほとんどの思考は自動反応

ところで、あなたは自転車に乗れますか？　ちなみに私は自慢じゃないですが乗れます（笑）。

なぜ乗れるかというと、子どもの頃に練習して乗れるようになり、それ以来頻繁に乗っているからです。

もしあなたも乗れるのなら、その乗れる理由はほとんど私と同じパターンのはず。まあ、乗れたほうが便利ですが、別に乗れなくてもいいですし。

いずれにしても「自転車に乗れる」ということは、脳内のニューロン（神経細胞）同士がシナプス（接続部）で結合し、「自転車に乗る」という脳内神経回路が形成されているからです。そして、この脳内ネットワークは頻繁に乗れば乗るほど強化されるので、「あれやって、これやって」なんて意識せずとも、ほぼ無意識に複雑な動きができるようになるわけです。

だって自転車に乗る時に、「止まる時はこのブレーキをキツく握って……」なんてことをいちいち意識しないでしょう？　そう、それらの動きは、自転車にまたがっている時、ほぼ無意識に自動で行えるようになるわけです。つまり、自転車にまたがる、ということがスイッチになり、それをきっかけにして全自動で身体全体が動くようになる、ということです。

そして実は、このような無意識の自動反応的な思考と行動が、あなたの日常の9割以上を占めています。あなたも一度、自身の思考と行動を観察してみるとわかると思いますが、あなたの思考と行動のほとんどは無意識です。

ちなみに、この本を今読みながらも、「んー、本当かな～？」なんて考えながら、視線を上のほうに向けたとしたら、その思考と行為も無意識でしょう？　だって、「本当かどうか考えよう」とか「視線を上に向けよう」なんて意識していませんよね？　つまり、それらは無意識に起こっているのです。

ということは、あなたの日常は、ほぼあなたの無意識が作っている、ということになりますよね。

それで、これも当たり前のことですが、無意識ということは、自転車にまたがる時と同様、何かのスイッチが入ると思考や身体が自動的に反応するわけです。

そして、自動反応的に起こった思考や身体の変化に合わせて、また無意識に何かを意識するようになります。なぜなら、**思考や身体の反応と意識は連動している**からです。

お化け屋敷に入って、「あー、怖いよ～」なんてつぶやきながら身体も硬直している時は、間違いなく「怖いこと」に意識が向いているからですよね。意識して身体を硬直させているのではなく、「怖いこと」に意識が向いているから身体が硬直しているのです。

ですので、ある意味もっと恐怖を感じたければ、「怖いよ～」なんてつぶやきながら、身体をさらに硬直させればいいのです。身体が「恐怖」の状態になれば、その身体の状態に意識が引っ張られて、ますます「恐怖」を意識するようになるからです。

先ほども言いましたが、思考や身体と意識は連動しているのです。

そういう意味では、**意識、思考、身体は常に連携して反応しており、お互いに影響し合っている**ということになります。

そして、この中でも特に大きな影響を持っているのが思考、つまり「言葉」です。

なぜなら、私たちはひっきりなしに思考しており、その思考によって意識の向く先が操られているからです。

自動反応の思考と自分を分離する

人間は1日に約6万回思考すると言われています。

そのうちの9割が無意識の思考パターンだとすると、実に5万4000回も無意識に思考していることになりますよね。無意識ですので、特に氣にすることもなく、勝手に自動反応的に思考しているわけです。

そして、その思考のもとになっているのが、さまざまな「思い込み」です。


「こっちが常識、あっちが非常識」

「こっちが良い、あっちが悪い」

「こっちが正しい、あっちは間違い」

「こっちが上、あっちが下」

「私はこういう人」

「会社とはこういうもの」

「お金を稼ぐためには……」

「成功するためには……」

「人から好かれるためには……」

などなど、挙げればきりがありません。

そして実際、**あなたの現実はこれらのさまざまな「思い込み」でできている**のです。

そして、これらの「思い込み」ですが、あなたが生まれた時から身についていたものでしょうか？

当然違いますよね。

これらの思い込みは、あなたが成長するにつれて徐々に身につけていったものであり、元々のあなたに備わっていたものではありません。これを知っておくことがまずは大事です。

なぜこれを知っておくことが大事かというと、勝手に起こる自動反応的な思考と自分を分離できるからです。

勝手に起こる自動反応的な思考＝あなた、ではありません。それらは後から植え付けられたものであり、元々のあなたではないのです。

でも、多くの人は「思考＝自分」と勘違いしています。

そして、その勘違いがさまざまな現実の不具合を起こしているのです。つまり、満たされないとか、うまくいかない、という現実を。

なぜなら、**本当の自分は「そうじゃない、それは違う」と感じているのに、今まで身につけた「こうすべき、こうしなければ」という思考でその感覚を押し殺してしまう**からです。

そして、そのような状態がさらに良くない現実を引き寄せることになるのは前の章で述べた通りです。

こんな思考に人は操られている

あなたにもほぼ毎日、無意識でやっている習慣がありますよね。

朝起きたら顔を洗って、うがいをして、新聞を取りに行って、テレビをつけて、朝食の準備をしながらニュースを見て……などなど特に意識せずにやっていることがあると思います。

試しに1日の行動の流れを思い起こしてみてください。無意識で行っている「自動プログラム」のような行動が大半を占めていませんか？

あなたが毎日電車通勤しているのであれば、毎日だいたい同じ時刻に家を出て、同じ時刻の電車のだいたい同じ車両の同じドアから乗るなど、ほぼ決まっているはず。これがいわゆる「習慣」です。習慣になると、あまり意識しなくても、ほぼ無意識にいろいろな思考や行動ができるようになります。

前の章でも説明しましたが、意識して思考するのにはけっこうエネルギーを使うため、習慣化することで省エネし、それ以外の新しい思考や行動にエネルギーを使えるようにしているからです。

この「習慣」という自動プログラム。一見すると便利なようですが、反面、恐ろしくもあります。なぜなら、一度「習慣」になってしまうと、無意識で働く自動プログラムとなり、当然のようにそれを意識しなくなるからです。

その習慣が本来のあなたの能力発揮につながったり、あなたの可能性を広げるものであればいいのですが、悲しいかな、逆の場合が多い。たいていの場合、無意識の習慣はあなたにとって望ましくない状況を引き寄せる自動プログラムとなっている場合が多いのです。

なぜ、そのような習慣が身についてしまったのか？　当然そう思いますよね。

なぜかというと、それらの多くの習慣は、恐れや不安から逃れるために身についたものなのです。

例えば、あなたは毎朝6時30分に起床しているとします。

朝6時30分に起きるという習慣は、「その時間に起きると氣持ちいいから！」とか「仕事が好きで早く会社に行きたいから」という理由からですか？

もちろん、そういう人もいるでしょうが、たいていの人は「その時間に起きないと会社（学校）に間に合わない」という理由で起きていると思います。つまり、遅刻したら怒られる、評価が下がる、減給される、などの恐れから逃れるための朝6時30分に起きる習慣なのです。

加えて言えば、あなたが毎日満員電車で通勤（通学）しているのであれば、好き好んで満員電車に乗っていますか？　みんなでぎゅうぎゅうおしくらまんじゅうするのが好きだから、なんて人は皆無でしょう（笑）。それも恐れと不安を解消するために「仕方なく」だったり、「そうしなければならない」という意識で乗っているはずです。

あなたも「これは習慣だ」と思う行動を思い浮かべてみてください。恐れや不安からきている習慣が多くないですか？

そして、あなたに今思い浮かべていただいた習慣は、あなたの数ある習慣のうちのごくごく一部です。

自動プログラムのようになっている習慣は、表面意識上に出てこないものがほとんどなのです。なぜなら、**意識全体の9割は無意識（潜在意識）**ですから。

無意識の習慣が引き寄せるもの

恐れや不安から逃れようという意図が根底にある思考や行動の習慣（自動プログラム）が、無意識の大半を占めていたらどうなるか？

当然、恐れや不安が続くような現象が引き寄せられます。

それは前の章で説明した脳の仕組みからしてもそうなりますし、超ミクロの物理法則である量子力学的に考えてもそうなるのです（量子力学的な視点からの引き寄せ現象を知りたい方は拙著『科学的 潜在意識の書きかえ方』（光文社）、『科学的「お金」と「幸運」の引き寄せ方』（PHP研究所）を読んでみてください）。

そして、その恐れや不安を打ち消すために、さらに行動する。つまり、**「恐れ→行動→恐れ→行動……」というパターンが習慣になっている**ということは、ある意味そのような状況が「無限ループ」で続いていくということです。

そして当然ながら、そのような状況は「満たされた状況」とは言えませんよね。常に恐れや不安に苛《さいな》まれている状況なのですから。

思考に操られない、思考を操る

もちろん、すべての習慣を「恐れと不安ベースだから」と、やめてしまうわけにはいかないでしょう。朝の通勤電車は混んでいて嫌なので昼頃に出社します、なんてことは普通の会社では許されないわけですから。それはそれで仕方がないことなので、ある程度の妥協は必要でしょう。

でも、やはり注意が必要なのは無意識の言葉です。

なかでも、あなたの本当の氣持ちや感覚、感性を押し殺すような言葉には注意が必要です。なぜなら、**本当のあなたは感覚や感性**だからです。なので、感覚や感性を否定することは、すなわち本当のあなたを否定することになり、そのような自分を卑下する意識状態がさらに自分を卑下する現実を引き寄せてしまいます。

先ほども申し上げましたが、**思考は言葉であり、その言葉自体は本当のあなたではありません**。言葉は後から植え付けられたものであり、そもそものあなたに備わっていたものではないのです。

その反対に、生まれた時からあなたに備わっているものがあります。

それは感覚器官です。

そして実際、後から身につけた思考よりも、自分の感覚を優先させている人のほうが確実にうまくいっています。つまり、**自分の感覚を思考で抑え込まずに、どう感じているのかを思考したり、感じたことを実現するために思考する人のほうがうまくいく**のです。

うまくいっている人は、思考で感覚を抑え込むのではなく、感覚を活かすために思考しています。**自動反応的に起こる無意識の言葉（思考）に操られるのではなく、実行や実現のために言葉を操っている**のです。

ここがうまくいく人とそうでない人の決定的な違いの１つなのです。

本当の自分を活かすために言葉を使う

言葉はある意味情報ですよね。あなたの名前も言葉ですが、それも厳密に言えば他人と区別するための情報です。

例えば結婚などで名字が変わったとしても、肉体レベルでのあなたという存在は変化しませんよね。でも、名前が変わることで思考、つまり使う言葉が変わることは考えられます。その家族ならではのしきたりや常識により、新たな思考パターンが身につくことが考えられるからです。

そういう意味では、大なり小なり、あなたが所属している組織によって使う言葉、つまり思考は変化する、と言えるのです。

でも、根本的に変化しないこともあります。それこそが先ほども申し上げましたが、「感覚や感性」なのです。

その「感覚や感性」こそが本当のあなたであり、その感覚や感性に従い、決断、選択しているほうが結果的にはうまくいきます。

実際、私も今は望ましい状態になっていますが、そのきっかけになった決断は感覚や感性によるものです。**常識的な思考よりも、自分の感覚、感性を優先させた結果、今、私にとって真に望ましい現実が実現できている**のです。

それは私だけではありません。実は**多くのうまくいっている人は、感覚や感性を優先させ、それをどう実現するか、どう実行するかに思考、つまり言葉を使っている**のです。

有名経営者も最後に頼るのは感覚だったりする

あるビジネス系出版社の方とお話しした際に聞いたのですが、実は有名企業の経営者でも、私がブログや本で述べていることと同じような話をされる方が多いそうなのです。

でも、社員の中にはそういう内容の話を嫌う人がいるので、そういうことはほとんどオフレコで話されるそうです。つまり、有名な経営者も、実は意識と現実の関係性を実感していたり、最後は感覚で選択、決断していたりするのです。

この話で思い出すのが、ソニー創業者である盛田昭夫さんの逸話です。

ソニーはまだ創業間もない頃、世界で初めて開発に成功したトランジスタラジオをひっさげ、世界一の米国市場に乗り込みます。

盛田さんは米国で営業活動を始めるのですが、まだ戦後間もないこともあり、ほとんどが「日本製品なんて粗悪品だ」という反応で、多くは門前払いのような状態だったそうです。そんな中、興味を持ってくれるメーカーがやっと現れ、「10万台発注してもいい」と持ちかけられます。

ただ、その発注には条件がありました。それは、そのラジオにつける名前はソニーではなく、その会社の名前をつける、という条件だったのです。

当時のソニーは吹けば飛ぶような会社でしたから、10万台の注文は喉から手が出るほど欲しい契約です。でも、盛田さんはその注文をきっぱり断ります。その代わりにこう言ったそうです。

「50年前、今の私の会社と同様、あなたの会社は誰にも知られていなかったでしょう。今から50年後、私の会社はあなたの会社よりも有名な会社になります」

くーっ、カッコイイー！　と思わず唸ってしまいますが、その言葉通り、ソニーはその会社をはるかにしのぐ世界でも有数のトップブランドへと上りつめます。

あの時、もし盛田さんが「よかったー、これで会社は当分潤うぞ」と考えて、あの注文を受けていたら……。おそらく、相手の会社のブランドで売る、という受注生産方式に味をしめ、ソニーというブランドが世に出ることはなかったかもしれない……。盛田さんは後年、「あの時の決断が、自身の事業家人生の中でのベストの決断」と語っていたそうです。

当時のソニーの経営状況を考えれば、「とりあえず受注して急場をしのぐ」というのが常識的、かつ正しい決断に思えます。でも盛田さんは、その決断を「違う」と感じていた。当然、「断る」という決断は相当怖かったはずですが、あえて自分の直感を信じ、勇氣を出して断ったわけです。

そして、結果的にそれが正解だった。なぜなら、その選択の結果が今や世界に冠たる大企業、ソニーにつながるわけですから。

感覚、感性を優先すると人生は好転する

本当の自分は感覚や感性であり、その感覚や感性を優先してさまざまな選択、決断をしていくと、人生は良い方向に展開し始めます。私自身もその体験者ですし、私の講座や個人セッションを受けていただいている方にもその傾向が顕著に見られます。

そして、同様の体験をされている人はけっこう多いのです。

これはたまたまラジオで聴いた、プロ野球チーム「北海道日本ハムファイターズ」のスカウトディレクターである大渕隆さんという方のインタビューでした。

大渕さんは、今や大リーグで活躍している大谷翔平選手を日本ハムファイターズに入団させた人で、その筋ではかなり有名な人です。その大渕さんがインタビューで語っていた内容は、次のようなものでした。

「20代、30代は、『20代になったらこれをすべき』『30代になったらやらなければならないこと』などの成功ノウハウ本をたくさん読んだ。

でも、書いてある通りにやっても結局うまくいかなかった。

それである日、突然思いついたのは、『この方法はこの人（著者）だからうまくいったんだ』ということ。そして、『その方法をそのまま自分がやっても、うまくいくとは限らない』ということに氣づいた。

それ以来、まずは自分の感性に従ってみることにした。すなわち、これはいい感じがする、面白そうなど、自分の感性が『いい』と感じることだけやっていく、ということにしたのだ。

そうしたら、だんだんと良くなっていき、結果、万事うまくいくようになった」

細かい部分が違っているかもしれませんが、だいたいこんなお話でした。そして、なぜ私がインタビューの中でもこの部分だけ鮮明に覚えているかというと、前に述べた通り、私もほぼ同じ体験をしているからです。

私もかつては、「このほうが儲かりそう」「このほうがうまくいきそう」「こっちのほうが得しそう」という方法を片っ端からやっていた時期がありましたが、正直全然ダメでした。

そして、私も大渕さんと同様に**「もういいや。興味があること、単純に面白そうと思うことをやろう」**と行動パターンを変えたのです。私の場合は、それが意識の現象化（引き寄せ）、量子力学、脳科学だったわけです。

つまり私も、常識や社会通念的な思考に囚《とら》われることをやめて自分の感覚や感性に従いだしたら、あれよあれよという間に人生が好転したのです。

感覚や感性が方向を示してくれる

私は、感覚や感性が、本当の自分が望んでいる方向を指し示す「道しるべ」になっていると思っています。

そして偉大な発見や発明、創造、イノベーションを起こす人ほど実は感覚的であり、その感覚を活かしたことがのちの偉業につながっていたりするのです。

その直近の例で思い出すのが、会社員化石ハンターとして有名な宇都宮聡さんです。宇都宮さんの本職は一般企業の会社員ですが、学術的に非常に重要な恐竜の化石を発見し続けていることでとても有名です。最近（２０１９年）も、スピノサウルス類という体長が15メートルにも達する最大の肉食恐竜の化石を発見し、テレビニュースでも取り上げられていました。しかも、今回の化石はアジアで見つかったスピノサウルス類としては最古の部類で、進化の過程を解明する上で重要な手がかりになるスゴイ発見らしいのです。

そして、その宇都宮さんがインタビューで貴重な化石を発見する極意を聞かれた際に答えていた内容が、非常に興味深いものでした。

宇都宮さんはこう答えていました。

「極意は『無欲』です。『取ってやる』『見つけてやろう』だと絶対に見つかりません。自然にやっていると、化石のほうから飛びついてくるんです」

化石のほうから飛びついてくる、という表現が面白いですよね。

化石が発見されたのは和歌山県の海岸らしいのですが、今回も化石を探しに行ったわけではなく、みかんを買いに行ったついでに何となく海岸に寄り、化石が入っていそうな石を何となく蹴ったら見つかったそう。「見つけてやろう」と躍起になり、いろいろ考えて実行するよりも、**「何となく」という感覚の連続が大発見につながった**わけです。

つまり、感覚が、宇都宮さんが大好きな化石のありかを指し示しており、それに従っていれば**自動的に本当の自分が望んでいる状態に到達する**のです。

感覚、感性に従うことは、手放すこと

そして、感覚、感性に従うということは、感覚や感性的に「違う」「合わない」と感じることを手放したり、やめたり、違和感がなくなる方向に改めたりすることでもあります。つまり、無意識でやっているさまざまな習慣も断捨離する、ということでもあるのです。

断捨離と言えば、今や世界的にも有名な「こんまり」こと近藤麻理恵さんを思い浮

かべる人も多いはずです。彼女の著書『人生がときめく片づけの魔法』はさまざまな言語に翻訳され、42もの国々で翻訳出版されている大ベストセラーです。最近は米国のネット配信テレビ局に冠番組を持ち、米国での人氣もうなぎ登りだとか。すごい活躍ですよね。

こんまりさんの言っていることはいたってシンプルで、ときめくかときめかないかで物を振り分け、ときめかない物は感謝しながら処分する、ということ。ちょっと失礼な言い方かもしれませんが、ただそれだけ。にもかかわらず、これだけ世界で受け入れられ支持されているわけです。

でも、シンプルであるがゆえわかりやすく、かつ本質をついているとも言えます。「ときめく」ということは、それを持っていると「なんか楽しそう」「なんかワクワクする」「なんか嬉しい感じがする」という感覚的な反応が起きるということですよね。

実際、物だけでなく、さまざまなことを「なんか楽しそう」「なんかワクワクする」「なんか嬉しい感じがする」という感覚で選択したほうが結果的にはうまくいく、ということは今まで申し上げた通りです。

でも、多くの人は実際なかなかそういう選択ができない。なぜなら、「そうせねばならない、そうすべきだ」という思考が邪魔をするからです。

片づけで言えば、「これは高かったので取っておかねば」とか「これは必要になるかもしれないので取っておくべきだ」とか「これは思い出深いので手放せない」などといった思考です。

こんまりさん流に言えば、ときめかない、つまり感覚的には「もう必要ない」と感じているのに、「もったいない、必要になるかも」という思考を優先させているわけです。

おそらく、こんまりさんは物以外の選択も「ときめくか、ときめかないか」で選んでいるのだと思います。つまり、行動とか考え方（解釈）なども「ときめくほう」を選択しているはずだと思うのです。ですからあんなに大活躍されているのでしょう。

ときめく選択をするということは、逆の意味で「ときめかない行動や考え方（解釈）をやめる」ということでもあります。つまりそれは、**あなたが感覚的に「違う」「らしくない」「嫌だ」と感じる行動や考え方（解釈）をやめる**、ということです。そして、この「やめる」とか「やらない」という選択がとても大切だったりするのです。

著名な経営学者であるピーター・ドラッカー氏はこんな言葉を残しています。

「戦略とは、何をするかではなくて、何をやらないかを決めることである」

また、スティーブ・ジョブズ氏もかつてこんなことを言っていました。

「何をやっているかということだけでなく、何をやらないか、ということにも誇りを持っている」

二人に共通しているのは、**「何をやるかを決めるより、何をやらないかを決めるほうが大切なんだ」**ということですね。

そしてそれは、あなたや私にとっても同じこと。つまり、自分らしくない、と違和感を覚えることや、嫌だと感じていることをやらない、ということが大事なのです。

実際、うまくいっている人の多くは**「やらないことを決めている人」**でもあります。

今の私もけっこう「やらない」と決めていることがたくさんあったりします。

もちろん、「ねばならない、すべきだ」ということをゼロにすることは無理だと思います。「ねばならない」でやっている仕事も、それが唯一の収入源であるならば、おいそれと辞めるわけにはいかないし、私もそんなことはおすすめしません。

ただ、冷静に考えると、やめられる「ねばならない、すべきだ」という行動や考え方（解釈）も実はたくさんあったりします。

そういう行動や考え方をなるべくやめ、**その分の時間を「楽しそう、面白そう、心地いい、興味がそそられる」という行動や解釈に使う**のです。こんまりさん流に言えば、「ときめくこと」を選択するのです。

あなたにはどんな「ねばならない、すべきだ」がありますか？

その「ねばならない、すべきだ」は、本当に「ねばならない、すべきだ」ですか？

「よく考えたら、そんな行動や解釈はやめてもいいかも」なんてことは思い切って手放したほうがいいですよ。

感覚や感性を具現化するために言葉を使う

ここまでお読みいただけたらお氣づきだと思いますが、多くの人は本当の自分の感覚や感性を押し殺したり、抑え込むために言葉を使っているのです。

その反対に、うまくいっている人の多くは、本当の自分の感覚や感性を信頼し、その感覚、感性を活かすために言葉を使っています。

ですので、**言葉を使うにしても、まずは本当のあなたである、あなたの感覚や感性に敏感になることが大事**なのです。

その上で、その感覚を具現化するためにどうすればいいのか？　その感性を活かすためにはどんな仕事がいいのか？　などを、それこそ言葉を使って思考するのです。

そうすれば、第1章で述べた通り、まず脳の神経回路、つまり脳の構造が変わり、優位になる自律神経（交感神経、副交感神経）も変わり、優位になる脳波も変わり、心臓から発せられる電磁波も変わり、分泌される脳内ホルモンも変わるのです。つまり、本当のあなたが望んでいる方向にすべてが変化していくのです。

その結果、目の前の現実もあなたが本当に望んでいる方向に徐々に変化していくことになるのです。

第3章

感覚、感性を呼び覚ます

ここまでの内容は大丈夫ですか？　ちょっと難しい内容もあったかもしれませんが、私はある程度の科学的な裏付けや理論、理屈があったほうがいいと思っています。やはり人間には基本的に「理性的にきちんと理解したい」という欲求がありますからね。

そして実際、そのようにきちんと理解したほうが肚落《はらお》ち感も上がりますし、この肚落ち感が実は重要だったりするからです。なぜなら、肚落ちしている＝納得している、確信している、ということであり、信じる度合が上がれば上がるほど、それが現実になる確率が上がるからです。

前章までの内容をちょっと整理します。

まず、第1章で脳科学の視点から見た言葉の影響力や重要性について述べました。

第2章では、多くの人はその言葉を本当の自分の可能性や能力を抑え込むほうに使ってしまっていること、また、本当の自分とは感覚や感性であり、うまくいっている人は感覚や感性を活かすために言葉を使っている、という点を説明しました。

この章では、本当のあなたである感覚や感性を呼び覚まし、その感覚や感性を活かす、つまり本当の自分を活かすための言葉の使い方について述べていきたいと思います。

感覚や感性が宝のありかを示している

本当のあなたは「感覚や感性」と述べてきましたが、もっと厳密に言えば、本当のあなたは「意識」だと思います。

なぜなら、そもそもあなたの意識なしでは、あなたという肉体も存在しませんし、あなたが認識している世界もなくなるからです。

これは量子力学的な見地からの話ですが、この本でそこに踏み込むとかなり長い説明が必要、かつややこしくなるので今回は省かせていただきます。

もし量子力学的な視点による解釈や説明に興味があるということなら、前著『科学的潜在意識の書きかえ方』、または『科学的「お金」と「幸運」の引き寄せ方』を読んでみてください。これらの本では詳しく述べています。

私は、本当のあなたである「意識」が、「感覚や感性」を使って本当に進みたい方向を指し示していると考えており、その理由は第２章で述べた通りです。

そういう意味では、人生は「宝探しゲーム」みたいなものかもしれません。本当のあなたが体験したいこと、得たい状態が「宝」であり、その宝を指し示す地図が「感覚や感性」ということです。

だから、あなたの「感覚や感性」が反応する興味・関心に従い、それに夢中で取り組んでいれば自動的に宝にありつける、本当のあなたが望んでいる状態に到達するのです。

ですから、その仕組みに氣づいている人はますます感覚や感性を研ぎ澄まし、そこから得られた直感やインスピレーションを活かして、どんどん飛躍し、上昇していきます。今はそのような状態の人が増えてきていると思います。

かく言う私もその一人ですし、この本を読んでいるあなたにもその一人になっていただきたいと思っています。そして、そのためにまずはあなたの感覚や感性を呼び覚まし、研ぎ澄ましていくことが大事になるのです。

今、感覚や感性は活きていますか？

現代は圧倒的に思考が優先される社会です。なので、多くの人は思考に頼って日々を生きています。

思考も大切だということに異論はないのですが、あまりにも思考を優先させ、思考に頼ってばかりいるので当然、感覚や感性を使う時間が減りますよね。感覚や感性も使わなければ当然鈍くなるわけで、鈍らせたままだと先に述べた「宝」を見つけることが困難になります。本当のあなたが体験したいことや、真に望んでいる状態になかなか到達しないのです。

なかなか到達しない、というよりも、永遠に到達しないと言ったほうが正確かもしれません。何しろ目的地も地図もないまま、ただ街をさまよっているような状態ですから。

そのような状態から抜け出すためには、それこそあなたの感覚や感性を呼び覚まし、研ぎ澄ましていく必要があるのです。

良い状態の「感覚」を作ってみる

感覚や感性を呼び覚まし、それを研ぎ澄ましていくために、まずあなたにやってみてほしいことがあります。

とりあえず何でもいいので、**あなたが「こうなったらいいなー、こんなこと実現しないかなー」と望んでいる状態をイメージしてみてください。**

イメージする時に、ゆったりした姿勢で椅子の背もたれなどに寄りかかり、胸（肩）を開き氣味にして、斜め上を見るような感じでイメージするといいと思います。

正確にイメージできなくてもかまいません。何となくでもいいですよ。

未来の状態をイメージしにくければ、**過去の良かった状態や嬉しかった状態を思い出してもらってもいいです。**

その際に、氣温、風の感じ、匂い、太陽の当たり具合、聞こえる音、舌で感じている味など、五感全部でイメージできるようならそうしてみてください。

イメージしてみましたか？

イメージしている時に、あなたの身体はどうなりましたか？

あなたの目はどんな感じになり、あなたの表情はどんな状態になり、あなたの胸の奥はどんな感覚になり、あなたの重心の位置はどう変化しましたか？

必ず変化は起きるので、その変化を感じてみてほしいのです。

その変化を感じられたでしょうか？

感じられたのなら、まずあなたにここでお伝えしたいことがあります。

それは、**「あなたの望みは叶いました!!」**ということ。「は〜、何のこと？」なんて反発をくらいそうな氣もしますが。

実はあなたが本質的に求めているのは、先ほどあなたがイメージした状態を実現することではありません。**あなたが本当に求めていることは、イメージが実現した時に得られる身体の状態、身体の感覚**なのです。

なぜなら、あなただけでなく、すべての人間が究極的に求めているのは、**感情的に満足することであり、その感情を感じるのが身体**だからです。

感情は身体全体で感じるものであり、あなたはそのイメージが実現すると、その身体の状態、感覚になれる、と想定しているので、「こうなったらいいなー」などという望みを持つのです。

実は、望みは「今」叶う

ここで氣づいたことはないですか？

先ほど私は「あなたの望みは叶いました‼」と言いましたが、なぜそんなことを言ったかというと、それが実現した時の身体の状態や感覚を、あなたが「今ここ」で作れたからです。

作れたということは、あなたの望みは叶ったことになりますよね？

なぜなら、あなたが究極的に求めているのは、その身体の状態や感覚なのですから。

どこか詭弁のように感じますか？

では、これも試しにやってみてほしいのですが、先ほどとまるっきり反対の身体の状態や感覚を作ってみてください。

例えば、不安に苛まれたり、何かにとても怒りを感じていたり、悲しくふさぎ込んでいたりするような時の目の感じ、表情、肩のこわばり、胸の奥の感覚、口の渇き具合、浮き足立った感じなど何でもかまわないので、ネガティブな感情を感じている身体の状態や感覚を作ってみてください。

作りましたか?

ここであなたに質問です。

先ほど「こうなったらいいなー」とイメージしていただいた望みを思い出してほしいのですが、もしその望みが実現したとしても、今作った身体の状態が常だったらどうでしょう?

その状態にあなたは満足できますか?

絶対に満足できないはずです。満足できる、というのなら、それこそ頭で満足しようとしている状態であり、本当は満足していません。なぜなら、そのような身体の状態や感覚は、あなたが感情的に満足している状態とはほど遠いものだからです。

眉間に深いしわを寄せ、目をうつろにして床に目を落とし、身体全体をこわばらせながら安心や幸福を感じることができますか？

やってみればわかりますが、無理なのです。

さらに言えば、そのような身体の状態はある意味、極度のストレスを抱えている状態と同じですので、そのような状態が続けばあなたは病氣になってしまいます。第１章で述べたような脳のメカニズムが働くからです。

脳は現実とイメージ、現在と過去の区別ができない

梅干しを丸ごと口に含んだと想像すると、それだけで実際に唾が出てきたりしますが、それは脳が想像と現実を区別していないからです。

また、脳には時間の認識がなく、過去、現在、未来の区別がつきません。だから、楽しかった過去の出来事を考えただけで笑みが浮かんだりします。「将来こうなったらいいなー」とイメージしたことも同様の仕組みです。**脳が「今、それが起きている」と認識するため、身体も感覚もそうなる**のです。

そうであるならば、今ここから、本当に望んでいる状態や感覚になったほうがよくはないですか？

今作れるのであれば、当然今作ってしまったほうがいいわけです。そして、そのような身体の状態、感覚を、あなたの通常の状態にしてしまうのです。いわば、その身体の状態、感覚のあなたをデフォルトにしてしまうのです。

デフォルトとはパソコンやスマホで言う初期設定の状態であり、その状態をそもそものあなたの状態にしてしまう、ということです。

おわかりいただけますでしょうか？

ただ、感情的に満足している身体の状態や感覚と言っても、まだ抽象的でわかりにくいのは確かです。ですので、ここで「言葉」を使います。

言葉を使うと再現性が高まる

2015年のラグビーワールドカップで大活躍した選手と言えば、五郎丸歩選手を思い浮かべる人も多いでしょう。

その大会で日本は初めて3勝を挙げたのですが、その勝利に貢献した1つの要因が五郎丸選手の正確なキックです。そして、そのキックで話題になったのが、キックする前の独特のルーティン（段取り）。なかでも最後の拝むようなポーズは、ある種の社会現象にもなりましたよね。

ただ、五郎丸選手がなぜあのようなルーティンをするようになったかというと、そもそも彼のキックが全然正確ではなかったからなのです。キックの精度を高めるために、蹴る前の動作を細かく分解して言葉にし、毎回正確に再現できるようにしたわけです。

つまり、私たちもこれと同じことをやればいい。

感情的に満足している身体の状態や感覚の時に、顕著に変化している身体の部位を見定めて、その部位の状態や感覚を言葉にするのです。そうすると再現しやすくなる、つまり感情的に満足している身体の状態や感覚をその場で作りやすくなります。

変化を意識したほうがいい身体の部位

意識する身体の部位をどこにして、その部位の状態や感覚をどんな言葉にするのかは、あなたの自由です。

先ほどあなたがイメージした時に起こった身体の変化を再現して、それを自分がわかりやすい言葉にすればいいだけですから。

ただ、おすすめの部位は？　と聞かれたらいくつか挙げることはできます。

●目

まずは「目」です。

昔から「目は口ほどに物を言う」と言われているように、目の状態にその人の意識状態が表れると考えられています。

例えば、先ほどあなたが望む状態をイメージした時には、あなたの目はどんな感じになっていましたか？　少なくとも、うつろだとか、ふさぎ込んだとか、怒りに燃えたとかではなかったはずですよね？

イメージした時にあなたがどんな目になっていたのかは想像するしかありませんが、「穏やか」だったり、「スッキリ」だったり、「ワクワク」だったり、何かポジティブな意識状態を表現できるような目つきだったはずです。加えて言えば、目の開き具合や視線なども変化していることが考えられます。

つまり、それらを言葉にするのです。

例えば、**「目は少し開き氣味でスッキリした感じ」**という具合にです。

顔（頬）

次に意識してほしいのは顔の表情で、特に「頬」の部分です。

これも昔から「笑う門には福来たる」という言葉がある通り、頬の位置が上がっているほうが幸福になる、と言われていますよね。そして実際のところ、**笑顔でニコニコしていると、意識は恐れや不安に向きにくくなります**。おわかりの通り、意識と身体は連動しているので、顔が喜びや楽しい状態だと、意識も自然とその状態に引っ張られてしまうのです。

それだけではありません。現代科学でも笑顔のさまざまな効果は確認されており、いくつか挙げれば、免疫力の向上、認知症の改善、ストレスの軽減、幸せホルモンと言われているエンドルフィンの分泌促進などが実証されています。

さらに言えば、これは第1章でも説明しましたが、感情は伝染することが科学的にも確認されていますし、笑顔を見ているだけでも笑ってしまいたくなるのが私たちの脳の仕組みです（ミラーニューロン細胞）。そういう意味では、**笑顔でいることはあなたを良い状態にするだけでなく、それをあなたの周りにも広げる効果がある**、ということなのです。

ただ誤解してほしくないのは、何も常にニコニコしていてください、と言っているわけではありません。何もないところで一人ニコニコしていたら、かえって怪しまれる場合だってありますし（笑）。

少しでいいので、ちょっと頬を上げることを心がけるだけでいいと思っています。

つまり、言葉にするなら、**「氣持ち傾は少し上げ氣味に」**なんて感じです。

●胸

次に意識してほしいのは「胸」です。

というのも、胸の奥には心臓があるからです。

第1章で、心臓は感情に反応して強力な電磁波を発生させるという話をしましたが、実は「愛情を感じるために必要なホルモン」と言われるオキシトシンが心臓で分泌されています。

オキシトシンが分泌されている、ということは、ある意味、**心臓が愛情を感じるセンサーの役割をしている**と言えるのです。

もうおわかりですよね。この愛情センサーである心臓の反応が、イコール感情的反応になっている、というわけです。

現に、感情表現をする時には、「胸がドキドキする」「胸がワクワクする」「胸が締め付けられる」「胸が張り裂けそう」「胸がムカムカする」「胸くそ悪い」「胸騒ぎがする」「胸をなで下ろす」「胸がいっぱいになる」「胸が高鳴る」などのように、「胸」を使うことがよくあります。

これらはいずれも、**感情的な反応は胸に顕著に表れる**ということを示していると言えます。

また、「胸に手を当てて、よく考えてごらん」という言葉もあります。これはつまり、「頭ではそれが正しいと考えているかもしれないけれど、あなたは本当にそれでいい？本当にそうしたい？」、言いかえれば「あなたの愛情センサーは本当にそれでいいって言っているの？　よく反応を確かめたらどう？」ということです。

いろいろ書きましたが、要するに心臓が心地いい状態を保つことで、愛情を感じている状態を保つことになるわけです。

ですので、これも意識的に言葉を使って、胸が心地よくなるようにすればいい。

例えば、**「胸が開いて、胸の奥がワクワクする感じ」**という具合に。

●肩

次に肩ですが、当然胸と連動させての動きになります。

これも傾向としてあるのですが、うつっぽくなりやすい人は、肩が内側に折れ氣味で、少しイカリ肩になって固まっている状態の人が多いです。

試しにちょっと、その状態を今作ってみてもらえませんか？　そして、その状態のまま、楽しかったり嬉しかったことを思い出したり想像したりしてみてください。

何だか難しくないですか？

つまり、身体の状態がうつっぽい状態になっているので、楽しかったり嬉しかったりということを思い出しにくいのです。

望んでいる状況をイメージしてもらう際に、「胸（肩）を開き氣味にして、斜め上を見るような感じでイメージするといい」とお話ししたのを覚えていますか？　これも、その状態のほうがいいイメージを想像しやすいからです。つまり身体が良い状態だからです。

現に武道の達人クラスは、肩を少し開き、かつ落とし氣味にしています。その状態のほうが危機に対処しやすく、本来の力を発揮しやすいからです。

ですので、私たちも肩を開いて落とすことで、同じような良い状態を作っていけるのです。

この状態を言葉にするなら、**「肩（胸）を開いて落とす」**などでいいと思います。

●下腹部（丹田）

最後におすすめする場所は、おへそから5～10センチぐらい下にある「丹田」という部位です。丹田は東洋医学で言うツボにあたるのですが、氣の力が集まる場所とされ、武道などでは特に重要視されています。

実際、丹田に「くっ」という感じで少し力を入れると、それに連動して肛門がしまり、その上部にある仙骨（背骨の下にある骨）も前に動いて、いわゆる「出っ尻」と逆の状態になります。

この状態になると、身体軸が安定してブレにくくなります。

この状態がいわゆる「肚《はら》が据わっている」とか「地に足がついている」状態であり、スピリチュアル的に言えば「グラウンディングができている状態」だと思います。

実際、この部位をスポーツ科学的に言えば「インナーマッスル（体幹）」にあたり、今やインナーマッスルが外側の筋肉以上に大事なことは常識です。つまり、丹田に少し力を入れることで、自動的に「肚が据わっている」状態を作れるわけです。

「肚が据わっている」という状態は、ちょっとやそっとのことで動じない、精神的にも感情的にも落ち着いた状態ということです。言葉は好きなようにすればいいのですが、**「丹田を、くっ」**という表現でもいいと思います。

丹田を膨らますようなイメージで呼吸することでも同様の効果が得られますので、そのような呼吸を習慣化することもおすすめです。

良い状態を維持することで感性が磨かれる

感情的に満足している身体の状態や感覚を作るためにおすすめの部位をお伝えしま

したが、もちろん、あなた独自の部位を独自の表現で作ってみてもいいのです。皆それぞれ感じ方は違いますし、しっくりくる表現なども変わってくると思います。

ただ、いずれにしても重要なのが、**なるべくその状態を維持すること**です。つまり、今すでにそうなっている、という状態を作ってしまうのです。

この事例で思い出すのが、ヒルトンホテルの創業者、コンラッド・ヒルトン氏の逸話です。

彼は若い頃は学歴もない、ただのホテルのベルボーイだったと言います。その彼が後年、大成功してからインタビューを受けた時にこんな質問をされたそうです。

「ただのベルボーイだったあなたが、どうやってここまで成功できたんですか？」

彼はこう答えました。

「ベルボーイが成功してホテル王になったんじゃない。ホテル王がベルボーイから始めたんだ」

つまり、彼はベルボーイ時代からすでにホテル王だったということです。最初からホテル王だったので、その感覚や感性に従っていろいろ取り組んでいくうちにその通りになったというのです。

身体の状態を作るということも、言ってみればこれと同じことです。すでにそうなっている、もうそうなんだ、という状態をなるべく今、ここから作ってしまい、それをできるだけ維持する方法ですから。

ただ、ずっと完璧にその状態でいるのは無理なので、**完璧にやろうとしないことも重要**です。

完璧にやろうとすれば、できない自分に対するダメ出しも始まりますので、そうなると当然、感情的に良い身体の状態や感覚が作れなくなります。ですので、**「なるべくそうする」**という程度にゆるく始めてください。

それが習慣になれば、それこそ自動プログラムとして動き出しますから、特に意識しないでいてもそうなります。

「維持しよう」という自動プログラムを働かせる

実は、人間には生まれつき「一定のバランスの取れた状態を保持したい」という生理的欲求があります。

これは人間だけでなく哺乳類全般に見られるもので、この欲求を生理学用語で「ホメオスタシス」と言います。日本語では「均衡維持」「恒常性維持」など難しい言葉で訳されていますが、簡単に言えば「ある程度一定の落ち着いた状態を保持したい」という欲求です。

当たり前ですが、哺乳類であれば必ず体温、血圧、体液の浸透圧などを一定に保とうとしますし、傷ができた場合も自動的にその傷を治癒させようとしますよね。つまり、もとの状態に戻そうとするのです。

ある意味、この自動で働く「一定の状態を維持しよう」という機能を、あなたの都合のいいように働かせるのです。つまり感情的に満足している身体の状態をなるべく維持することで、その状態を自動で維持するよう「ホメオスタシス」を働かせるのです。

そして、そのような良い状態が日常化するにつれ、徐々にあなたの感覚や感性も磨かれていきます。感覚的に「これは良さそう」「これは違うな」という感じがわかってくるようになるはずです。

そしてなるべく、**「これは良さそう」と感じるものを選択するようにし、「これは違う」と感じるものは手放していく**。その連続が、さらにあなたの感覚や感性を磨いていくことになるのです。

胸の反応に敏感になる

感覚や感性で選択する際に、特に敏感になってほしいのが胸の反応です。

先にも述べましたが、心臓では愛情を感じるためのホルモン、オキシトシンが分泌されているので、ある意味、心臓が愛情を感じるセンサーの役割をしています。

現に、何か嫌な予感がする時には「胸騒ぎがする」と言いますし、逆にいい予感がする時には「何だか胸がワクワクしてきた」とか言うでしょう？　つまり、**感覚的な反応は胸、つまりその奥にある心臓に出やすい**のです。

ですので、あなたの胸、つまり心臓がどんな感じに反応しているのかも、特に良い感じのパターンを言葉にしておくといいですよ。

感じていることを言葉にするので、表現は自由に、**「しっくり」**でも**「すっきり」**でも**「ワクワク」**でも何でもかまいません。良い状態に敏感になっていれば、当然その反対の状態との違いもどんどん明確になっていきます。

脳幹、中枢神経の反応を活性化するマッサージ

加えて習慣に取り入れていただきたいのが、3か所のマッサージです。

いずれも東洋医学でいうツボ（経絡）に当たるのですが、この3か所のマッサージをすると、脳幹とそこからダイレクトにつながっている中枢神経の反応が良くなりま

す。

ここでちょっと脳幹について説明しておきますね。

脳の構造を簡単に分けると、3層構造になっています。一番外側の層が大脳新皮質と呼ばれる層で、人間的な思考をする層となり、2層目が大脳辺縁系と呼ばれる層で、別名「感情脳」とも言われます。そして、一番奥にあるのが脳幹と言われる部位で、生命維持や本能的反射などを担っています。

そして、これからお教えする3か所をマッサージすると、脳幹とそこからつながっている中枢神経の反応がとても良くなります。つまり、感覚が鋭くなり、本能的な反応も良くなるのです。

実際、体感が鋭い人だと、このマッサージをすると、「肚が据わった感じ」や「地に足がついた感じ」などと感じられます。ですので、このマッサージも習慣に加えていただければ、さらに感覚や感性が鋭くなります。

脳幹、中枢神経の反応を活性化するマッサージ

これらを少なくとも１日に１回、行ってください。
また、大事な商談、プレゼン、
苦手な人と会う前などにもおすすめします。
身体が良い状態になり、
潜在意識もそれに引っ張られるからです。

鎖骨下のくぼみ

片方の手を丹田のあたりに置き、深呼吸を続けながら左右の鎖骨下のくぼみを図のようにマッサージする。深呼吸10回で1セットとし、手をかえてもう1セット行う。

あなたが他人の意見に迷い、優柔不断になることが多いなら、その場面を思い浮かべながら行う。

唇の上下

片方の手を丹田に置き、深呼吸しながら唇の上下を図のようにマッサージする。深呼吸10回で1セットとし、手をかえてもう1セット行う。

あなたが上司や親、目上の人から叱られたり否定されたりして落ち込むことが多いなら、そのような自分を思い出しながら行う。

尾てい骨

片方の手を丹田に置き、深呼吸しながら尾てい骨のあたりを図のようにマッサージする。深呼吸10回で1セットとし、手をかえてもう1セット行う。

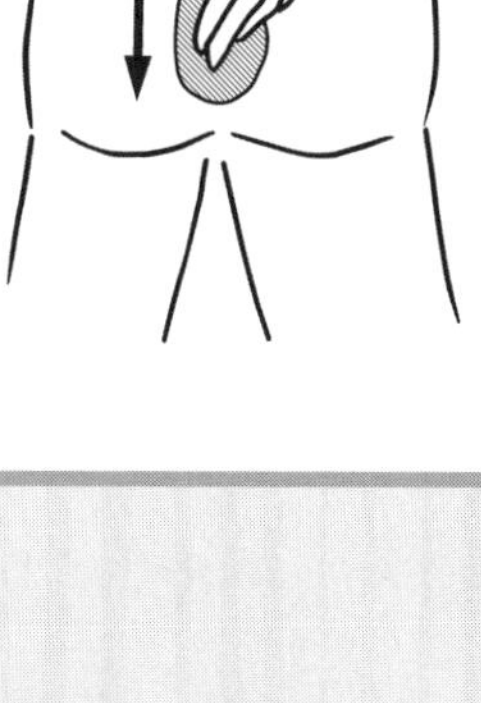

思い出して嫌な氣持ちになったり不安になったりする、とらわれがちな記憶があるなら、それを思い出しながら行う。

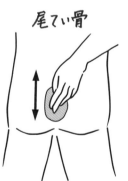

「これはどっち?」と悩んだら

今まで述べたワークや習慣を続けていただけたら、確実に感覚や感性は鋭くなっていきます。

ただ、「うーん、これはどっちなんだろう?」とか「いやー本当にそうなのかな?」なんて思ってしまうこともあるでしょう。実際、私もありますしね。

そういう時に自分の身体に確認する方法がありますので、ここではそれを説明します。簡単な方法なのですが、前提として脳幹と中枢神経の反応が活性化している状態でやるほうが確実なので、今からお伝えする方法をやる前には必ず前述した3か所のマッサージをすることをおすすめします。マッサージをやらないと、反応がよく出なかったり、場合によっては逆の反応が出てしまうこともあるからです。

3か所のマッサージがすんだら、左の上の図のように親指以外の手の指先を、胸の前あたりでくっつけてください。

この時にあなたが迷っていること、例えば「AにするかBにするか」で迷っているのであれば、まずどちらかを頭の中で唱えます。

「Aにする、Aにする……」とか頭の中で唱えながら片足立ちをしてみてください。唱えなくてもAを選択した自分をイメージできるなら、それでもいいです。

そして、片足立ちした時の身体の揺れ具合を覚えておきます。

自分の身体の反応で確認する

片足立ちして
揺れ具合を確かめる

次にBでも同じことをやり、同じく身体の揺れ具合を確かめます。

Aの時とBの時の身体の揺れ具合を比較して、揺れが少ないほう、わりと身体がピシッとしていると感じるほうが感覚的には望ましいと思っている選択になります。

言葉を唱えても区別がつきにくい場合には、イメージでやってみたり、イメージがダメだったら言葉にしてやってみるなど、臨機応変に試してみてください。

ただ、体調によってはうまく反応が出ない時もありますので、どうもうまくいかないという時には別の機会にもう一度やってみるというのもありです。

また、A、Bともにぐらつくという場合は「両方とも違う」ということが考えられますので、その際は別の選択肢を検討したほうがいいです。逆に、A、Bともに身体がピシッとしているというのなら、おそらくどちらを選んでも問題ありません。

もちろん、選択肢は「やる／やらない」「イエス／ノー」でもかまいませんし、選択肢が多くても大丈夫です。

このような方法も利用しながら、あなたの感覚、感性が何を望んでいるのか確かめてみてください。感覚、感性に従ったほうがたいてい良い方向に転がります。

第4章

望んだ人格に作り変える

前章では、本当のあなたが望んでいる方向の道しるべとなる感覚や感性を活性化する方法をお伝えしました。この章でお伝えしたいのは、その望みを現実化するための土台となる人格、性格の作り方です。

この本の冒頭でご紹介したマザー・テレサの言葉を覚えていますか？

その言葉の一節に「性格に氣をつけなさい、それはいつか運命になるから」とありましたよね。結局、その人の人格や性格がその人の現実、つまり運命を作っていると言えます。なぜなら、その人の人格や性格がさまざまな考え方、物事の捉え方、解釈の仕方に影響するからです。

例えば、車の運転をしていたら、強引に割り込まれたとします。

その際に、「なんだ、こいつ頭に来る‼」なんて思ってあおり運転をしてしまうか（苦笑）、もしくは「おっと危ないなー、なんか急いでいるのかもね」なんて思って放っておくのか。これもベースとなる人格、性格が影響しています。**同じ現象が起こっても、人格、性格によって現象の捉え方、解釈の仕方が違うので、現実も違った方向に展開していく**のです。

結局、**あなたの現実は、あなたがそれをどう解釈したか**なのです。ですから、脳科学者や理論物理学者は「万人に同じ現実などない、ただ解釈があるだけ」と言うのです。

そうであるならば、本当の自分が望んでいる現実がどんどん実現するような人格、性格になったほうがいいと思いませんか？　それは実際に可能なのです。

性格は一生変わらない、というウソ

「三つ子の魂百まで」ということわざがありますよね。幼い頃の性格は死ぬまで変わらないという意味ですが、確かに自分の子どもを見ていても、生まれ持った性格や特性があるなー、と感じます。

しかしその一方で、最新の研究では、若い時と歳を取った時では性格的に完全な別人になっているとする結果が出ていたりもするのです。

英国の名門エディンバラ大学で６つの基本的な性格特徴である、自信、忍耐力、氣分の安定性、誠実性、独自性、優越願望を測定するテストを、同一人物１７４人に対して1947年と2012年に行いました。つまり、1947年当時14歳前後だった子どもたちに行ったテストを、65年後80歳前後になった同じ人物に再び行ったわけです。

その結果ですが、誠実性と氣分の安定性においては「極めて弱いつながり」しかなく、そのほかの特徴においても「完全につながりがない」という結果が出たそうなのです。いわば、65年という歳月を経て性格的には完全な別人になっている、となったわけです。もちろん、見た目も完全な別人となっていると思いますが（笑）。

研究チームのウェンディ・ジョンソン教授は次のように語っています。

「性格は短い期間では比較的変わりませんが、長い期間があくと弱まることがわかりました。60年以上も期間があくと、共通点はほとんど見つかりません」

60年という歳月によるさまざまな経験、学びが、人格や性格に変化をもたらすということです。

でも、言われてみればそんな氣もしませんか？

私自身も、中学生の自分と今の自分が同じ性格か、と問われれば、かなり変わっているように思えますし、実際、得手不得手でさえ変わっています。できないと思っていたことができるようになったり、苦手と思っていたことが得意になったり。

あなたはどうですか？　中学時代のあなたとまったく同じですか？

おそらく違うと思います。全然違うとは言えなくても、まったく同じなんてほうが逆に珍しくないですか？

これは誰にでも当てはまると思うのですが、**さまざまな経験、つまりそれは学びでもあるのですが、それらを通じて物事の捉え方、解釈が変わり、それが性格や得手不得手に影響している**からです。

人格は180度転換できる

先の例は長い人生経験が人格や性格に変化をもたらした事例ですが、実はその氣になれば人格や性格はすぐにでも変えられます。

簡単な例だと、子どもをすごい勢いで叱りつけていたお母さんでも、電話がかかってくるとものすごく穏やかな声で電話に出たりしますよね？

会社では上司に対してすごく丁寧な言葉遣いで下手に出る人が、部下に対しては横柄で高圧的な態度になるなんて人もいますよね。

これはまさに相手によって出す感情を自在に変化させている、つまり相手によって出す人格を変えている、とも言えるわけです。

お母さんの例だと、子どもに対しては「厳しいお母さん」という人格で接しているのに対し、電話口では「穏やかなご婦人」という人格で接しているのです。いわば、自分が望んだ人格に臨機応変に変化させているというわけです。

具体的な事例ですと、メンタリストDaiGoさんのお話がいいでしょう。

今の彼からは想像できませんが、小中学生時代はいじめられっ子で、その当時は友達が一人もいなかったそうです。当然その状況はとても辛かったものの、「自分はそもそも価値のない人間なのでいじめられても仕方がない」なんて感じで、ただ受け入れることでその辛い状況をしのいでいたとのこと。

ところが、中学校時代のある日、いじめっ子が大好きなお母さんの悪口を言い出したことに無性に腹が立ち、近くにあったナタを手に取り、とっさにその子に向けて投げてしまいました。幸いその子には当たらなかったのですが、その子の後ろの壁にナタが突き刺さったのです。

それ以来、DaiGoさんに対するいじめはピタッと止まったそうで、要するにいじめっ子は「あいつを本氣で怒らせたらヤバイ」と感じていじめをやめたのです。

そりゃそうですよね。一歩間違えたら、そのナタが自分の頭に突き刺さっていたかもしれませんから。

その変化を受けてDaiGoさんは、「自分が行動すれば簡単に変わるんだ」と実感し、それから自分が本当に望んでいる特徴を持った人間に変わるよう決意しました。

具体的に何をしたかというと、今までの自分の特徴や習慣を洗い出し、それを片っ端から反対にするという行動をとったのです。

例えば、天然パーマを直毛にするとか、メガネをコンタクトレンズに変えるとか、学校の成績が後ろから3番目だったのをトップ3を目指すとか、「価値のない人間」

と思い込んでいた自分の特徴を単純に全部引っくり返すことにより、「価値のある人間になろう」と思ったわけです。

そして次々とそれを実行していき、それが今のDaiGoさんにつながっているというわけです。

誰もが望んだ人格、性格になれる

このDaiGoさんの事例からわかること。

それは、**自分で人格を選択できる**、ということです。

現にDaiGoさんは自分で人格を変えられることに氣づいて、今の大成功を手に入れられたわけですから。

でも、多くの人が勘違いしているのが、自分の性格は変えられない、自分の特徴は変わらない、ということです。

持って生まれたものがあるのも確かです。でも、性格や特徴の多くは後から植え付けられた思考によるもので、本来備わっているものとは違っていたりします。

先にご紹介したエディンバラ大学の実験の通り、さまざまな体験を積み重ねることで人格や性格は大きく変化することがわかっています。つまり、**性格や特徴の多くは先天的なものというよりも、後天的なものによる単なる思い込みだったりする**のです。

加えて、あなたの行動や振る舞いも同時に変化させることが重要です。

これはDaiGoさんも実践したように、**身体を動かすという動作が加わることで、潜在意識にそのパターンが刻まれ、それがどんどん自動化していく**からです。

クロールの泳ぎ方がわかったので泳ごう、なんて決意しただけで実際に泳がずにいたら、クロールを泳げることにはならないでしょう？　それと同じ理屈です。

望んだ人格、性格、特徴を言葉で定義する

ここからは具体的なワークに取り組んでいただきたいと思います。

第3章で「こうなったらいいなー」とか「こんなことが実現しないかなー」という

望んだ状態をイメージしていただき、その際に身体に起こった変化をあなた自身の言葉にしていただきましたよね。結局、あなたが最終的に望んでいるのは感情的な満足を得ることであり、それは身体の感覚だからです。

つまり、どんな身体の感覚状態を自分が望んでいるのかを言葉にし、それを再現しやすくしたわけです。

次にここで取り組んでいただきたいのは、その望んだ状態を実現しているあなたの人格、性格、特徴を、これも言葉で定義することです。

なぜかというと、人格、性格、特徴なども言葉にしておくことで、その人格、性格、特徴での物事の捉え方、考え方、解釈の仕方がたやすくなるからです。

人格、性格、特徴も明確な言葉にしておくと、そう自覚しやすくなりますよね。

望んだ状態を実現している人格、性格、特徴を自覚して、そのようであればあるほど、現実が望んだ通りに展開していくようになるのです。なぜなら、先ほども申し上げた通り、あなたの現実は、あなたがその現実をどう解釈したかだからです。

それが実現した時の人格、性格、特徴とは?

では早速ですが、それが実現した時の身体の感覚を作ってみてください。

もう一度望んでいる状態をイメージして、身体をその状態に持っていってもいいですし、身体の各部位にフォーカスして、言葉を使ってその状態を再現する方法でもOKです。

再現したら、その時のあなたの人格、性格、特徴などを考えてみてください。

その時、あなたはどんな人になっているのでしょうか?

言葉が浮かんできたら、その言葉をメモしてください。

少なくとも、「心が狭い」とか「意地汚い」「卑屈」「いつも愚痴や不平不満ばかりの口癖」なんていう言葉は出てこないでしょう(笑)。参考までに、私が良い状態の時に浮かんでくる人格、性格、特徴を表す言葉は、「寛容」「柔軟」「視野が広い」「落ち着いてる」「自然体」「媚びない」「楽観的」「明るい」などです。

どうですか？

あなたはどんな人格、性格で、どんな特徴を持っていたから、その望みを現実にできたのでしょう？　それが明確になったら、**できるだけそのような人物として振る舞い、そのような人物ならではの行動をしてください**。

最初はうまくできなくても、ぎこちなくてもいいのです。徐々にでいいので、そのような振る舞い、そのような行動を増やしていくようにしてください。

さらに本質的なことを言えば、**そのような人格のあなたが、本来のあなた**なのですから。

第5章

方向を見極め、流れに乗る

第3章と第4章では、本当の望みを叶えるためのベースとなる部分について述べました。この章では、本当のあなたが望んでいる方向性を見定めることにフォーカスしていきます。

当たり前と言えば当たり前なのですが、あなたの本当の望みを叶えるためには、そもそも本当のあなたが何を望んでいるかを知る必要がありますよね？　そして、本当の望みを知るということが、まさに「言葉にする」ということです。

自分の望みを知る、まさに言葉にできれば、今後さまざまな選択や決断をしやすくなりますよね。どうすればより自分の望みに近づくのか、どちらを選んだほうが本当の自分の望みに忠実なのか、言葉にしておいたほうがよりわかりやすいのです。

多くの人はこの大切な部分を知らないまま、ただやみくもに「ああなりたい、こうなりたい」「あれが欲しい、これも欲しい」なんて考えていろいろなことに取り組んでいるので、うまくいくことが少ないのです。本当の自分が望んでいることとズレている場合がほとんどだからです。

第2章でもお話ししましたが、多くの人は不安や恐れから逃れようという意図が根底にある思考や行動の習慣（自動プログラム）が無意識の大半を占めています。

そのような状態のままやみくもに「ああなりたい、これが欲しい」なんて考えて頑張っても、本当のあなたはそんなことを望んでいなかったりするので、結局うまくいかないし、大変な苦労をしたり、何とか手に入ったとしても、それほど嬉しくないばかりか、それを維持するのにとても苦労したりするのです。

なので、無意識の奥にしまい込まれた本当のあなたが何を望んでいるのかを見定め、その方向からズレないことがとても重要です。

本当のあなたが望んでいる方向を見定め、その流れに乗れば、物事がスムーズに進むようになるだけでなく、自分では想定もしていなかった幸運や、望んだ以上の現実が引き寄せられるようになります。そしてそれは、あなたの本当の才能発揮にもつながっているのです。

幸せな成功者の多くは、本当の自分が望んでいることに素直に取り組むことで、本来の才能を開花させ、結果、すべての物事がスムーズに進む流れになり、本当に望んでいる状態を手に入れているのです。

答えは経験の中にある

それでは、これから本当のあなたが望んでいる方向性を探るワークに取り組んでいただこうと思います。

ここで重要になるのが、あなたご自身の経験です。

あなたは今まで生きてきた中で、楽しかったこと、嬉しかったこと、辛かったこと、苦しかったことなど、おそらくいろいろなことを経験されていると思います。つまり、陽の経験もあれば、陰の経験もあるはずです。

それら両方が、本当のあなたの望みや、あなたが能力を発揮できる分野、方向性を探る重要なヒントになります。

●好きなこと、楽しかったこと、夢中になったことを洗い出す

それでは、まず陽の経験から洗い出していきましょう。

子どもの頃も含めて、好きだったこと、楽しかったこと、夢中になったこと、興味や関心のあったことを思いつく限り書いてください。遊び、勉強、クラブ活動、地域の活動、友達との思い出、家族との思い出、仕事など何でもかまいません。

とりあえず思い出せるものすべてを書き出しましょう。もちろん今、あなたが取り組んでいることでもかまいません。

書き出したら次にやっていただきたいのが、より具体化する作業です。

例えば、勉強に夢中になっていた経験があるのなら、特に何の勉強のどういうところに夢中になっていたのか？

知りたいことが知れることにワクワクしていたのか？　何かを解き明かすことに喜びを感じていたのか？

さらに言えば、どんなことを知ることができるとワクワクしたのか？　どんなことを解き明かすことに喜びを感じたのか？

家族とのとても楽しい思い出があるなら、特に印象深い楽しい思い出はどんな思い出なのか？　その思い出の中でも、特に何をした時、どんな場面を思い出すと楽しさが強くよみがえるのか？

それらすべてを、丁寧により具体化してください。

たくさん書き出せば書き出すほど、より何らかの傾向が見えてくるはずです。

〇〇している時がとても楽しいんだな
〇〇することにワクワクするんだな
〇〇がどうも好きなんだな

などという感じに。そして、それは同時にあなたが才能を発揮できる領域を発見することにもつながります。

好きこそものの上手なれ、という言葉がある通り、あなたが好きなこと、楽しめること、ワクワクすること、とても興味が引かれることに、あなたの才能のヒントが隠れているのです。

感動したこと、心動かされたことを洗い出す

次に取り組んでいただきたいのが、あなたが感動したこと、心動かされた経験を洗い出すことです。

誰かの言葉、誰かのパフォーマンス、自分が成し遂げたこと、誰かにされたこと、誰かと一緒に成し遂げたこと、映画、漫画、本、ドラマ、ドキュメンタリーなどなど、あなたにも何かしら感動したこと、心動かされたことがあるはずです。

それらを思いつく限り書き出してください。

書き出したら、先ほどの要領のように、その何に感動しているのか、何に心を動かされているのかをより具体化してほしいのです。

例えば、感動した映画があるなら、その映画のどの場面、誰のどんな言葉、または

どんな行動に感動したのか？　本や漫画、テレビドラマなどでも同様です。

また、何かをやることにより感動したり、あるいは心動かされたのならば、特に印象に残っているところはどこなのか？　特に何をした時に感動を感じたのか？

これもすべてより具体化してください。

具体化すればするほど、あなたが本当に大切にしたいこと、あなたが本当に価値があると感じること、つまりあなたの本当の価値観が明確になってくるはずです。

そして、それらが明確になったら、それをないがしろにしない選択や決断を心がけることがとても重要です。

本当のあなたが大切にしたいこと、価値を感じていることをないがしろにすることは、あなた自身であなたを裏切ることになり、それは無意識に「罪悪感」として潜在意識にたまっていきます。その罪悪の意識がさらに罪悪を感じる状態を引き寄せるからです。

逆に、本当のあなたが大切にしたいこと、価値を感じていることを尊重すれば、それは当然喜びとなり、その喜びの意識がさらに喜ばしい状態を引き寄せるのです。

違和感を覚えることを洗い出す

ここまでやっていただいたワークは陽の体験に関するワークですが、ここからは陰の体験に関するワークに取り組んでいただきます。

まず取り組んでいただきたいのが、違和感を覚えた経験の洗い出しです。

子どもの頃も含めて考えると、「え、本当に？」「えー、何でなの？」「いやー、なんか違うんじゃ？」なんて感じた経験が何度となくあるはずです。

これが正しいから、こうしたほうがいいから、これが常識だから、こうするのが普通だから、これが決まりだからなど、そうすることを強いられたり、そうしなければならない状況に追い込まれたりした経験があなたにも何度となくあるはずです。

本当のあなたは「なんか嫌だ」「なんか違う」などと感じていたのに、そうせざるを得なかった経験です。

経験を思い出せなくても、このような考え方、このような捉え方、このような解釈、このような行動には違和感を覚える、というものがあるなら、それらも全部書き出します。

もちろん、過去だけでなく、今そう感じていることがあるなら、それもどんどん書き出してください。

書き出したら、その違和感の内容をより具体化します。これ以上具体的にはできないな、と感じるものはそのままでもけっこうです。

何に、どんなことに違和感を覚えるのかが明らかになったら、次にどうすればその違和感が解消されるのかを考えます。

違和感を覚えるということは、本当のあなたからの「それは違う」というサインです。違うのであれば、どうすれば違わなくなるのか、つまり、どうすれば違和感が解消されるのかを考えるのです。

ご参考までに、経験上、違和感を解消する方法にはだいたい2通りあると思っています。

1つが、**「違うと感じることの逆をやる」**ということです。

本当の自分の想いとは逆のことをやらなければならなかったり、逆のことを強いられると、「違う」という想いが際立ちます。であるならば、その違いを感じることとは逆のことをやればいいのです。

簡単な例を挙げれば、昔から「皆こうしているのだから、あなたもそうしなさい」と言われることに強い違和感を覚えるのであれば、**「皆と同じより、自分の氣持ちを優先する」**ということです。

そしてもう1つ、違和感を解消する方法としてあるのは、**「もっと深掘りする」**というものです。

実は、「何だか浅い、もっと深いのでは？」「何だか表面的、もっと先があるのでは？」という違和感も結構あります。

例えば、私の場合で言えば、現在の仕事をする前はビジネスコーチングの仕事をしていたのですが、その多くの場合、何らかの数字を目標にして、それを達成するためのコーチングをしたりします。

ただ正直に言えば、「この数字にどれほどの意味があるのだろう」などという違和感を抱えながらやっていました。人間が本当に欲していることは、もちろん数字などではなく、もっと本質的なものではないのか？　その本質的な部分を知らないまま、ただ数字だけを目標にすることに本当に意味があるのか？　単に数字だけを追いかけるというやり方に、何か「浅はか」などと感じていたのです。それならば、人間が本当に求めていることとは何なのだろう？　という探究が始まり、それが今の仕事につながっています。

なので、あなたが違和感を覚えることを徹底的に洗い出し、何に違和感を覚えるのか、どうすればその違和感が解消されるのかを考えてみてください。きっと本当のあなたが求めていることや、やりたいことのヒントが見つかると思います。

そしてそのヒントは、あなたが本当の才能を発揮する分野や領域を見つけるためのヒントでもあるのです。

辛い体験、嫌な体験、悲しい体験にある大事なヒント

ある方の個人セッションをした際にこんな話がありました。

その方は現在ある士業をされていて、今後の仕事の方向性を悩んでいました。

士業とはいわゆる司法書士、税理士、行政書士など高度な専門知識を有する国家資格をもとにした仕事で、社会的信用度なども高い業種です。

ただ、士業の世界にも人工知能の影響が徐々に出始めており、人工知能のさらなる進化と普及を考えれば、仕事はどんどん縮小傾向になるのは確実とのこと。さらに言えば、その仕事に今や情熱も意欲も感じない……。

その一方でこんな話もされました。

その方は若い頃に「完治は無理」とされている難病を患い、何年間か非常に辛い思いをしたそうです。ある意味、お医者さんにも見放された感じになったので、「であるならば」とご自身でイメージワークに取り組むようになりました。いわばその難病

が徐々に消えていくようなイメージワークです。

すると驚くことに、その難病は結局完治してしまったそうなのです。

お医者さんから「完治は無理」と言われた難病が完治してしまった……これってすごい体験だと思いませんか?

このような体験こそ、まさにその難病を患っている方にとっては喉から手が出るほど欲しい情報ですし、患者さんにとってその士業の方は難病を克服したヒーローでもあるわけです。

そして、その士業の方も実際には「本当にやりたいことはこういうことでは?」とどこかで感じていたようなのです。つまり、士業というある種ステータスがある仕事ではなく、本当にやりたいことはイメージなど意識の力で病を癒すことに関係する仕事ではないのか? ということです。

誰もが辛かったこと、苦しかったこと、もう二度と体験したくない、と感じる何らかの経験を持っていたりするものです。私にだってあります。

でも大切なのは、苦労した体験とか辛かった体験をただの「嫌な体験」「悲しい体験」

「運の悪い体験」「人生の汚点」なんて感じで終わらせないことだと思っています。なぜなら、その体験が、本当にあなたがやりたいことや、成し遂げたいことにつながっていたりするからです。

考えてみてください。

過去の苦労した体験や辛かった体験を糧にして、それを克服する方法を伝えていたり教えていたりする人は多くないですか？

また、大変な体験や悲しい体験から氣づきや学びを得ることで、大きく飛躍している人も多くないですか？

お金のこと、健康のこと、人間関係のこと、仕事のことなどさまざまですが、それらの苦労を乗り越えた体験をノウハウなどに変換することでそれを仕事にしたり、そのような経験での学びを糧に大きく変化、成長している人はたくさんいるのです。

実際、私もそうですし、私の場合は体験に基づくノウハウを本やブログ、講座や個人セッションなどで伝え続け、そのノウハウをさらに進化させ続けることが1つのライフワークになっているのです。

勘違いしてほしくないのは、何もあなたの苦労を乗り越えた体験をノウハウにしてほしい、なんて話をしているのではありません。それらの体験にもあなたが本当にやりたいこと、取り組みたいこと、才能を発揮できる分野のヒントが隠れている可能性が高いので、**その可能性を無視しないほうがいい**、という話をしているのです。

そして、そのヒントに氣づくためには、その体験を是非こんな視点でも捉えてみてほしいのです。それは、**「何のために自分はそれを体験したのか？」**という視点です。

もう少し分解して言えば、**自分は未来にどんなことをやりたいから、もしくは将来どんなことを伝える人になりたいからそのような経験をしたのか？**という視点です。

「そんなの知るか！　あんなことに意味なんて何もない！」なんて反発も聞こえてきそうですが、それでも一度そのような視点で眺めてみたほうがいい。なぜなら、すべての出来事には陰陽の両面があるからです。

つまり、一見ラッキーな出来事に見えても、そこにはアンラッキーな一面もあり、その逆もしかりということです。

例えば、宝くじに当たるなんて人生最大のラッキーのようにも思えますが、けっこうな割合で自己破産に追い込まれる人が多い、なんて話を聞くと、果たしてラッキーだけとも言えるのか？　ということです。

そういう意味では、あなたが**「いらなかった苦労」だとか「思い出したくない体験」だとか「人生の汚点」なんて感じている経験にも何らかの「陽の要素」があるはず**なのです。

そして、その「陽の要素」を見つけるためには、あえて**「何のために、どういう目的でそれを体験したのか？」**という視点でその体験を眺めてみてください。

その体験から時間がたっていればいるほど、冷静にその体験を見ることができるはずです。

ちょっと辛いワークになるかもしれませんが、あなたがやりたいことや、才能の発揮につながる大きな氣づきや発見が得られると思いますよ。

第6章

本当の望みに向かっての踏み出し方

前章では、本当のあなたが望んでいることや、あなたの本当の才能が発揮できる領域を見つけ出すためのワークに取り組んでいただきました。

何となくでも方向性はつかんでいただけましたでしょうか？

明確に「これだ‼」なんてことがなくてもいいのです。何となくでもいいので、その方向性がつかめたら、なるべくさらにそうなる選択や決断をするようにしてください。

そのような選択と決断をすればするほど、より「これは面白そう」「これは興味深い」「これはやってみたい」ということが見えてきます。つまり、あなたが本当に望んでいる状態にどんどん近づくのです。

なので、最初から「これだ‼　これを目指すんだ‼」などという具体的な目標がなくてもいいのです。

逆に、目標を具体的な1つに絞ると可能性の数も減ることになり、結果、本当に望んでいる状態を得にくくなってしまいます。

可能性は無限、1つに絞らなくていい

目標を最初から具体的にしないほうがいいと思うのは、量子力学的な考え方からです。

量子とはこの宇宙を作る最小物質の総称で、言ってみたら私たちの肉体も、地球も、すべてこの量子でできています。

この最小物質の物理法則が量子力学と呼ばれる物理学です。

そして、量子の世界の物理法則は、私たちのサイズの物理法則（古典力学）とはかなり違っており、今も「なぜそうなのか」は謎のままです。

以前、ＮＨＫのＥテレでやっているピース又吉さんの番組「ヘウレーカ」に量子コンピュータの専門家である東北大学の大関准教授が出演されていたのですが、その際に量子の性質をこんな言葉で説明していました。

「量子は可能性の中にある、ただし見るまでは」

どういうことかというと、量子は人間が目視する前はエネルギー（波）の状態であり、物質の状態ではないのです。

エネルギー（波）と言われてもピンとこないと思いますが、例えばあなたの周りにもさまざまな音がありますよね？　あれは音波という波であり、空氣を振動させるエネルギーです。

物質の最小単位である量子も、人間が見るまではそのようなエネルギーの状態ということなのです。

人間が見るまでは物質になっていないので、人間が見た際に量子がいつ（時間）どこ（位置）に粒（物質）となって現れるかは、あくまで確率（可能性）でしか示せません。ちょっと難しいですが。

もう少し簡単に言えば、そもそも量子は「たぶんこんな感じ」とか「おそらくこうなっている」というような曖昧な状態にあり、確定した状態にはない、ということです。人間が見るまでは、ね。

又吉さんも「え〜?!　どういうこと?!」なんて頭を抱えていましたが、又吉さんが理解しようとしたたとえがなかなか秀逸だなと思いました。

又吉さんはこんなことを言っていました。

「例えば、『若者』って言ったら曖昧だけど、若者の中から『お前』って一人を指差したら若者はその一人になる、ってこと？」

確かに若者と言っても非常に曖昧な言葉であり、年齢層など明確な定義はありませんよね。40代、50代の人から見たら20代や10代は間違いなく若者ですが、80代、90代の人から見たら50代、40代も若者と捉えられるかもしれません。

つまり、若者と捉えられる層はその人の状態に合わせて10代から50代まで、もっと言えばそれ以上の可能性も考えられるわけです。

でも、その層の中から「お前‼」と一人を見た段階で、若者はその一人に確定する。

その時点で「10代から50代までの可能性」という曖昧な状態から、特定の一人という実在に確定するのです。

これを「結婚相手探し」にたとえたら、どうなるか。

「結婚相手はあの人以外考えられない‼」なんて感じになると、ほかの人が結婚相手になる可能性は消えます。「あの人」しか見ていないので、ほかの人は結婚相手として実在していないも同然になるからです。

特定の一人と決め込んでいなくても、「年収○○万円以上」とか「身長○○センチ以上」とか「大卒以上」とかいう条件をいろいろつけるほど、それ以外の人は結婚相手として実在しないことになります。見ていない＝実在していない、になりますから、量子論的に考えればそうなるわけです。

このような条件付けもある意味目標設定ですが、実は目標を具体的にすることがその人自身を苦しめることになっていたりします。なぜなら、**具体的な目標を設定する＝それしか見ない＝ほかの多くの可能性を潰している**、とも考えられるからです。

可能性は多いほうがいい

結婚相手の条件を「異性」とだけ定義していれば、それだけで単純に35億通りの可能性が考えられます。

ブルゾンちえみさんの「35億」という人氣フレーズの通り、地球に存在する人間の約半分は異性だからです。

その条件を、日本人、年収、学歴、職種、趣味などどんどん絞るほど、当然のこととして可能性の数も少なくなります。その条件に見合う人の数もどんどん少なくなるからです。

そして、その数が少なくなればなるほど、それを得られる確率も下がっていきます。

「結婚相手はあの人以外考えられない‼」という場合だと、あの人は地球に一人しかいないので、単純な確率という点では35億分の1になる。

もちろん、その人とは言葉が通じるとか、同じ国に住んでいるとかいろいろな変数もあるのですが、単純化して考えれば35億分の1、つまり確率的には限りなく低くなるわけです。

なので、大関准教授も、「量子はあくまで可能性の中にあるので、これしかないと決め込まず、いろいろな可能性を考えるのが大事」という旨の話をされていました。

私も、「これだけを目指す」という具合に目標設定をすることはあまり有効でない、と思っています。**「これだけ」と決めた時点でほかの可能性が消えるから**です。

さらに言えば、「これを目指す」という意識ですから、裏を返せば「今はそうではない」という意識です。

「今はそうではない」と意識しているので、量子の状態がその状態で確定し続ける、つまり、**「そうではない」という状況が続く**ということです。

結局、人間が最終的に求めていることは、「感情的に満足する」という非常に曖昧で感覚的な身体の状態ですよね。であるならば、その状態を今ここから作り、その状態がさらに増幅するような選択、決断を増やしていく。そうすれば、具体的な結果が自動的に達成されるわけです。

無意識につぶやいている言葉は2種類

第3章で感覚や感性を呼び覚ます重要性の話をさせていただきました。

なかでも胸の反応が重要なのは、愛を感じるセンサーの役割をしているから、ということも、先ほどお話しした通りです。

そして実は、無意識につぶやいている言葉も、この「愛」に関係するものか、もしくはそれ以外の「あるもの」の2つに大別できます。

あなたは「愛」以外の言葉が何に関するものか、わかりますか？

「愛」以外の言葉は、「不安」に関する言葉です。つまり、**あなたが意識的に、もしくは無意識につぶやく言葉はすべて、「愛」か「不安」かに大別できる**のです。

これは第2章でも述べましたが、多くの人は「恐れ」や「不安」ベースの思考（言葉）に操られており、何かを選択、決断する際にも「恐れ」や「不安」から逃れるため、が多かったりします。

つまり、「損しなそう」「失敗しなそう」「バカにされなそう」「嫌われなそう」「変に思われることはなさそう」なんていう、恐れや不安な状況を避けるための選択と決断をしがちなのです。

もちろん、そういう選択が必要な場合もあるのですが、本当のあなたは「やってみたい」「チャレンジしたい」「もっと探求したい」と感じているのに、「損しそう」「失敗するかも」「変に思われそう」なんて考えて、結局はやらない選択をする。

それは本当の自分の氣持ちを押し殺すことであり、本当の自分を尊重していないことになります。つまり自己愛の否定になるのです。

そして、そのような選択をし続けていると、結局はうまくいきませんし、一時期うまくいっているように見えても、すぐにダメになったり、その状況を維持するのにすごく大変な思いをしたりするのです。その理由は第2章で述べた通りです。

住みたい世界を選択する

量子力学的に考えると、選択の数だけ無数の世界が同時並行的に存在している、となります。

これが量子力学で言う「多世界解釈」であり、平たく言えばパラレルワールドですね。先ほどの結婚相手の例で言えば、35億通りのパターンの世界が同時並行的に存在している、ということです。

ほぼ無限とも考えられるパターンの世界が同時並行的に存在しているなどと言うと、SFの話と捉えられがちですが、この世界が多世界であると考えたほうがさまざまな矛盾がなくなるとのことで、「多世界解釈」を支持している学者さんも実際は多いのです。

カリフォルニア工科大学の物理学者ショーン・キャロル博士は、多世界解釈を支持されており、こんなことを言っています。

「自分が異なる意思決定を下した複数の世界は絶対に存在します。その数が有限であるか無限であるかはわかりませんが、途方もない数であることは確かです。5つや6つということはありません」

途方もない数の並行世界も2種類に大別できる

途方もない数の並行世界が存在し、そのうちの1つを選択している。

実は私もそう思っています。

ただ、ほぼ無限とも言える選択肢ですが、その選択肢も大まかには2つに分類できると思っています。それは、**「愛基準で選択した世界」**と**「恐れ基準で選択した世界」**です。

最近私の講座でこんな話がありました。講座では毎回最初に1か月の振り返りを受講者同士で行うのですが、その振り返りで出てきた話です。

その方は自分で事業をされているのですが、「出張の際にちょっとお金をケチって安宿に泊まると結果、残念な思いをし、お客さんからのキャンセルが出て売り上げが下がった。逆に、自分の氣持ちに正直になり、泊まりたい宿に泊まったら結果、嬉しい思いをし、新しいお客さんの申し込みが入り、売り上げが上がった」という報告をしてくれました。これはまさに選択の基準を変えたという話ですよね。

どう変えたかというと、「嫌だけど仕方なく」という基準から、**「本当はそうしたい」**という基準に、です。

「嫌だけど仕方なく」という選択をするのは「お金を失う恐れ、お金が減る不安」があるからで、恐れや不安ベースの選択です。これを量子力学の多世界解釈的に考えると、この時点で「愛」の世界を選択したか、「恐れ」の世界を選択したかに分かれます。

そして、**恐れの世界を選択した場合は、結果として表れる現実も恐れが増幅するものとなります**。先ほどの例で言えば、お客さんからキャンセルの連絡が入る、といったことです。

逆に**愛の世界を選択した場合は、結果として表れる現実も嬉しさや楽しさが増幅するものとなります**。これも先ほどの例で言えば、新しいお客さんから申し込みが入る、ということですね。

つまり無数の選択肢とはいっても、実際はシンプルで、愛基準の選択か恐れ基準の選択かで、どちらかの世界に分岐していくのです。

大前提は「やりたいのか、やりたくないのか」

ですので、まず何かに取り組もうとしたり、何かを選択する際には、あなたがそれを「やってみたい」という氣持ちになるかどうかが大前提としての大事な基準になります。

あなたの感覚、感性がいい方向に反応する、つまり**「興味深い」「やってみたい」「ちょっとチャレンジしてみたい」というような言葉が自然と出てくることを選択するのです。**

それが自己愛であり、多世界解釈で言えば愛の世界を選択したことになるからです。


考えてみてください。

スポーツなり、学問なり、仕事なり、何でもいいのですが、結局うまくいっている人は、それが好きな人だったり、それを楽しんでいる人だったりしませんか？

そして、それを好きになるきっかけは、ちょっとした興味や関心だったはずです。

ちょっとした興味や関心からやってみて、だんだん好きになっていき、のめり込んでいったというプロセスは誰もが経験していると思いますし、それはあなたにもあるはずです。

プロサッカー選手がサッカーをやっているのは、結局サッカーが大好きだからですよね？

もちろんプロの世界は甘くはないですから、厳しい練習や怪我など辛いこともたくさんあると思います。あー、もう辞めたい、投げ出したい、なんてこともたくさんあるでしょう。でも続けられるのは、結局それが大好きだからですよね？ お金のためだけに続けているなんて人はほとんどいないと思います。

これは学問でも仕事でも同じだと思うのです。

ちょっとした興味関心から入っていき、それがだんだん好きになり、のめり込むほどに新たな発見や氣づきも増え、さらに楽しくなり、ワクワクするようになる。その過程で、本来持っている潜在的な能力や才能も目覚めていく。

一方、なかなかうまくいかない大変さや、思い通りにいかない困難なども増えていくが、その大変さや困難を乗り越えると、新たな喜びや楽しさも得られ、さらなる高みも見えてくる。

分野や規模は違えど、うまくいっている人のほとんどは、このようなプロセスを経ているのです。

それは、あなたについても同じこと。あなたがまだ「うまくいっているという状態じゃない」というのなら、このプロセスを踏んでいないだけです。だから、まずはあなたがそれを**「やってみたい」という氣持ちになるかどうか**がとても大切なのです。

あなたの感覚、感性がいい方向に反応する、つまり**「興味深い」「やってみたい」「ちょっとチャレンジしてみたい」**というような言葉が自然と出てくることを躊躇なく選択してください。それが自己愛の世界に分岐していくのです。

やってみる。それから判断する

ですから、何より大切なのは「まずはやってみる」ということなのです。結局やってみないことにはわからないからです。

あなたが水泳に興味があるのなら、まずは泳いでみることです。

プールに行くなり、泳ぎを習うなりして、まずは泳いでみることが大事です。

実際に泳いでみると、いろんなことがわかったり、新たな氣づきも出てくるはずです。泳ぐというより潜ることが楽しいらしい、と氣づいたら、ダイビングなどの潜るほうに今度はチャレンジしてみる。泳いでみたら楽しいし、特にクロールが楽しいというのなら、クロールを少し一生懸命やってみる。そういうことです。

あくまでこれらはたとえですが、いずれにしてもやってみないことには氣づけないものです。そして、**それらの氣づきが次の方向性のヒントになったり、やってみることが思わぬ人との出会いにつながったりする**のです。ですので、興味や関心があることは、やってみるということが大事なのです。

小さなステップでいいですし、お金がかからない方法があるなら、それに越したことはないと思います。とりあえずやってみるのです。

その過程で、「どうも違うな」と感じるものは違いを感じなくなる方向を探って取り組んでいき、「もっとやりたい、知りたい」と感じるものはどんどん続けていく。

その繰り返しが、あなたが本当に望んでいる状態や、あなたの才能が発揮される状態へと導いてくれるのです。

こんな「やりたい」には注意！

「興味深い」「やってみたい」「ちょっとチャレンジしてみたい」と感じること、つまり興味関心があることを素直にまずはやってみることが大事という話をしました。

ただし、ちょっと注意が必要な「やりたい」もあることを一応知っておいてください。

それは、**「儲かりそうだから、やりたい」とか「楽できそうだから、やってみたい」、また「評価が高まるからこれをやりたい」という、何らかの打算や計算が含まれているものや、「損したくないからこっちをやりたい」とか「変に思われたくないからこれをやりたい」というような、損失や問題を回避する目的のもの**です。

私がセッションをさせていただいて感じるのは、多くの悩みは「べき、ねばならない」という行動に起因することが多い、ということです。

たとえ、一見やりたいことをやっているように見えることでも、深掘りして聞いていくと、「べき、ねばならない」が顔を出したりします。

「やりたいことをやっている」と言っても「そのほうが儲かりそうだからそうすべき」だったり、「今までのことを無駄にしないために続けなければ」だったりする。そしてその場合、何度も申し上げている通り、状況としては良くならないのです。

なので、**「やりたい」と言っても、その「やりたい」がどこから来ているのか？** 純粋な興味関心から来ているのか、それとも何らかの打算や計算、損失や問題の回避から来ているのか？　つまり、**「やりたい」よりも「やりたいと思い込もう」としているのか？　その点も大事なポイントになる**のです。

どうしても人は、他人の評価や損得、今の自分の状況、今取り組んでいることとの整合性を取ろうとして、都合のいいように自分の感覚を捻じ曲げてしまいがちです。感覚や感性よりも、思考を優先させてしまうのです。

本当のあなたはどう感じているのか？　やはりそれが大事です。

もちろん、損得といっても、お金を稼ぐことや、稼ぐ仕組みを考えることが楽しい、ワクワクするというのなら、それでいいと思います。

実際にそういう人もいますし、投資などでうまくいく人はだいたいそのタイプで、大富豪であり有名投資家でもあるウォーレン・バフェット氏もまさにそういう人です。ただバフェット氏は、広い邸宅や豪華な生活にはまったく興味がないらしく、生活は極めて質素なことで有名です。そういう意味では、バフェット氏も自分のやりたいこと、興味や関心事だけに忠実なわけです。

あなたのやりたいことが本当にやりたいことなのか、それとも「やりたい」と思い込んでいることなのか区別がつかない、というのなら、第3章で紹介したマッサージをした上で、あなた自身の身体の反応で確かめてみてください。

やりたいことに踏み出せない時

やりたいこと、つまり興味や関心があることに取り組むことが大事だと何度も述べていますが、それでもなかなか踏み出せないという人もいます。

踏み出せない原因はいろいろあるのですが、私がセッションや講座をさせていただく中で経験上感じている原因は主に3つです。

まず1つ目が、**恐れと不安**です。

前の例で挙げた「水泳」くらいなら恐れや不安もさほどないと思いますが、仕事や結婚、進学など人生の一大転機につながることや、大きな出費や労力を伴いそうな選択、決断を行うことこそ恐れや不安は増大していきます。

間違いなく本当にやりたいことであり、本当の自分はそれを選択したいと感じていたとしても、「失敗するかも」「うまくいかないかも」「お金を失うかも」「人から後ろ指さされるかも」というような不安が頭をもたげ、結局は断念してしまう。それこそが本当に避けるべき選択であり、そのような選択をし続けた場合、たった一度しかないあなたの人生そのものが失敗してしまうかもしれません。

そのような最悪の事態を避けるために、おすすめな方法があります。

それは、起きてほしくない事態や心配事をあらかじめ想定しておき、それが起こった時の対処法を決めておくのです。

例えば、他人からの批判や、取り組みをやめるよう助言を受けた場合などにはこうしよう、というような対策です。

反対されそうな具体的な人物がいるなら、その人物ごとにどう対処するかを具体的に決めておくのです。それこそマニュアルのように、言葉にしておくほうがいいかもしれません。

よく「そのような起きてほしくないことを想像すると、そのような現象を引き寄せてしまうのでは？」という類いの質問を受けたりしますが、実は逆です。

恐れや不安を感じているのであれば、まずはそのように感じている自分を素直に認め、そう感じてしまっている自分を許すことがとても重要です。

恐れや不安を感じているのに見て見ぬ振りをしているような状態は、結局無意識に常に恐れや不安を意識している状態なので、結果的にはかえってそのような現象を引き寄せやすくなるのです。

世の中には保険というサービスがありますが、保険もいわば安心するための対策ですよね？　車を安心して運転できるのも自動車保険に入っているからで、何の保険にも入らずに車を運転できますか？　私はそんな状態は怖いですし、事実私も自動車保険に入っています。

人間、どんな状態が一番怖いかというと、**どう対処したらいいのかまったくわからない状態になること**です。ですから、会社や学校でも災害時の避難訓練を年に数回は必ず行いますし、極限の状態に置かれる宇宙飛行士などは、あらゆる不測の事態を想定して、その想定に合わせてどのように対処するかを何度も訓練するわけです。これらも言ってみたら保険のようなものです。

起こってほしくない事態や心配事への対処を決めておくほうが、実際には安心感が高まり、結果的にそのような現象がかえって起こりにくくなるのです。

本当の自分に従うことは覚悟も伴う

そこで、どのような対処をするかですが、正直答えはありません。人それぞれで事情は異なりますので、「こうしたほうがいいですよ」とは、この本だけでは申し上げられません。

ただ、大事なことは、あなたの本当の氣持ちを裏切らない対処法を考えることです。

例えば、「あの人に反対されたらやめよう」なんて対処だと、あなたの本当の氣持ちを裏切ることになるので、適切な対処とは言えませんよね。「あの人に反対されたら、こういうふうに説明しよう」とか「こういう切り口で理解を求めよう」という具合に対処するということです。

ただ、その場合、どうしても理解をしてくれない、という状況も考えられますよね。そうなった場合、それこそある程度の覚悟を持った対処をする必要があります。

それは、その人とは疎遠になるとか、しばらくは会わなくするなどの対処です。

一番近しい家族の場合でも同様です。あなたの人生はあなたでしか生きられない人生であり、家族があなたの人生を生きるわけではないからです。

ただ、これも逆説的なのですが、それだけの覚悟を持って何かに取り組もうとすると、最初は反対したとしても、結局は賛成してくれたりします。家族のような近しい間柄であればあるほど、なおさらそうです。

逆に、それで離れていく人や疎遠になる人は、結局そこまでの関係だったんだ、という割り切りも必要です。

もちろん、あなたのことを本当に心配して反対したり、やめるように説得する人もいると思います。ただその一方で、あなたが自分と違う高みに行ってしまうことを阻止したくて止めるという人もいるのです。自分にはそんなことはできないというあきらめの氣持ちや、自分とは違う世界に行ってしまいそうなあなたへの妬みの氣持ちなどから反対するという人もいます。

実際、あなたのことを本当に理解して、本当に親身になってくれる人ほど、あなたのチャレンジを応援してくれるはずです。ですから、人の意見に惑わされることなく、あなたの本当の氣持ちを尊重することが重要なのです。何より、そのような選択が結局、後悔のない人生を生きることにつながるわけですから。

最終ゴールに囚われると踏み出せない

なかなかやりたいことに踏み出せない2つ目の原因が、**最終ゴールに囚われている、**

という場合です。

そういう場合によく出てくるのが、「どこから手をつけたらいいのかわからなくて……」「どうも面倒臭くて……」「時間がなかなか取れなくて……」という言葉です。

そのような言葉が出てくる人はたいてい、最初から最終ゴールのことを考えていたりします。

例えば、カウンセリングの勉強をして資格も取ったので、カウンセラーの仕事を始めたいと考えている人がいるとします。

その場合、当然カウンセラーとして起業して、それで生計を立てるということがある意味ゴールになるわけですよね。

そうすると、「カウンセラーとして起業してお金を稼ぐ」ということを考えますので、そうなるためには、カウンセリングのための部屋を作って、ホームページも作って、検索エンジンの対策もして、集客のためのマーケティングもして、ブログも毎日更新して……なんて考えていたりします。すると、「ひゃー、なんか大変そう……」なんて感じてしまい、なかなか踏み出せなくなるのです。つまり、始める前から最終ゴールを考えてしまい、そこに至るまでの準備や道のりを考えることでやる氣が失せてしまうわけです。

実際、私がセッションでそういう相談を受けた時にはまず、**「仕事にするとかお金にするとか考えずに、まず簡単にできそうなことは何ですか？」**という質問をします。

そうすると、「友達にカウンセリングの練習台になってもらう」とか「友達にカウンセリングの練習台になってくれそうな人がいないか聞いてみる」とかいうことが出てくるわけです。そういうことがアイディアとして出てきたら、まずはそこから取り組んでみるのです。非常に小さな一歩かもしれませんが、何もしないよりは、はるかにマシです。

身体を動かすことを「運動」と言いますが、「運が動く」と書きますよね。結局、何かの動作を起こすことで運が動き始めるのです。

これは何も仕事や起業に関することだけでなく、すべてのことに言えます。なので、**始める前から「最終ゴールにできるだけ早く到達するには？」なんてことは考えずに、お金や時間、労力や責任などができるだけ軽くすみそうなことから始めればいい**のです。

もしあなたが、「どこから手をつけたらいいのかわからなくて……」「どうも面倒臭くて……」「時間がなかなか取れなくて……」なんて感じで踏み出せていない状態なら、**とりあえず最終ゴールのことは置いておいて、「どんなことならすぐできそうか？どんなことなら簡単にできそうか？」とあなた自身に質問してください**。そうすると、何かしら答えが必ず出てくるはずですから。

脳は検索エンジンと同じで、あなたの質問の答えを探し出すのです。

完璧主義だと踏み出せない

「この資格が取れたらやろうと思います」
「これを学び終えたらやろうと思います」
「貯金が〇〇円貯まったらやります」
「収入が〇〇円になったら始めます」

「〇〇がもう少しわかったらやりたいです」
「いつか時間ができたらやりたいです」

などなど、セッション中の「あるある」ですが、これを取得したら、これがそろったら、これを勉強したらなど、**いろんな条件が整ったらやります、**というのが3つ目の踏み出せない原因です。

こういうお話を聞きながら、私は「あー、この人まだ当分はやらないんだろうな〜」なんて思ってしまいます。ですので、**「できるだけ早く始めたほうがいいですよ」**と助言をさせていただくのです。

アメリカの作家、グレース・ハンセンさんはこんな名言を残しています。

「人生が終わってしまうことを恐れてはいけません。人生がいつまでたっても始まらないことが怖いのです」

人生がいつまでたっても始まらない……。

ここで言う「人生」とは、「本当の人生」のことだと私は解釈しています。そして、

「本当の人生」とは何かというと、あなたが本当にやりたいこと、探求したいこと、成し遂げたいことに取り組む人生です。

それらにすでに取り組んでいるのであれば、「本当の人生が始まっている」と言えますが、けっこう多くの人がまだ始めていなかったりします。なぜなら、できるだけ失敗するリスク、損するリスク、人から陰口を叩かれるリスクなどを減らそうとして、「準備万端整えてから始めよう!!」なんて考えるからです。

でも実際は、「もう大丈夫、これで完璧だ」という状態にはなかなかならないので、結果何も始められない、なんて状況が続きます。つまり、いつまでたっても本当の人生が始まらないのです。

当たり前ですが、自ら望んで失敗しよう、損しよう、人から陰口を叩かれよう、なんて思う人はいません。誰だって、嫌な氣持ちや残念な氣持ちになったりする状態をわざわざ選択しよう、などとは思いませんから。だから多くの人は、そのような状態になりそうな選択を避ける、つまり完璧に準備しようとするわけです。

でも、**完璧な状態になんてなかなかなりませんので、結局は何も始まらない、スタ**

ートできない、という状態が続いてしまうのです。

無意識にしている「何もしない」という選択

「準備万端整えてから始めよう‼」なんて考えている人は、もしかしたら無意識に「何もしない」という選択をしているのかもしれませんよ。

何もしなければ失敗もしないわけですから。

失敗しないようにするため、「なかなか準備が整わない」なんて状況をあなた自身が作っている可能性があるのです。

でも、これだと本当の人生はいつまでたっても始まらないですよね。

損をする、恥をかく、悲しくなるという状態を避けるため、完璧な準備を目指しながらも、結局は「何もしない」という選択をし続ける……。私は、この**「何もしない」という状況が続くことが、人生最大のリスク**だと思っています。何しろ、人生は時間でできており、残された時間は刻一刻とどんどん短くなっているわけですから。

本当は何かをやりたかったのに、何かを表現したかったのに、失敗を恐れるがあまりそれらすべてをやらずじまいで人生を終える……。そのような人生が、本当のあなたにとって「幸せな人生」ですか？

それはむしろ、「人生そのものを失敗する」という最大のリスクになりかねません。

別に脅すつもりはないのですが、このことをもっと真剣に考えたほうがいいと思っています。なので、「完璧に準備が整ったら」とか「こういう条件がそろったら」なんて考えず、最終ゴールを意識しすぎて踏み出せない時と同様、**とりあえずできる範囲でやってしまえばいい**のです。やらないとわからないことや、やることによって学びが深まることが多いからです。

うまくいく人は「とりあえずやっちゃう人」

現に、だいたいうまくいっている人は「**とりあえずやっちゃう**」という人だったりします。

条件がそろうまで待とうなんて考えずに、**「できる範囲で始めちゃう」**というパターンが、うまくいっている人には多いのです。

そして、始めてしまうので氣づきや学びもどんどん増えていき、それを実践することによってさらに良くなっていく。そんな感じの上昇氣流的スパイラルに入っていくのです。

この傾向は何も個人に限った話ではありません。最近勢いのある企業にも言えます。

例えば、アマゾン。

きっとあなたも何度となく利用していると思いますが、小売りだけでなくいろいろな分野で今も膨張を続けるアマゾン帝国、なんて感じですよね。

とある有名コンサルタントが言っていたのですが、アマゾンのすごさの理由は「戦略がないこと」だそう。つまりアマゾンは、綿密な市場調査をした上で緻密な戦略を組み上げてさまざまなサービスを始めているのではなく、「あ、これいいかも」「これいけるんじゃない」なんてことをずっとやり続けているらしいのです。

それで、「おーやっぱりいいじゃん」なんて結果になったことはどんどんやり続け、

「あー、これはダメだな」なんて結果になったことからはあっさり手を引く。その繰り返しがアマゾンの今を築き上げた、ということらしいのです。

同じく巨大ＩＴ企業であるグーグルにも同様の傾向があるそうで、何らかのサービスを始める時の方針としてあるのは、**「最高ではなく、最低限を満たせ」**ということ。

つまり、出来は60点ぐらいでもいいので出してしまえ、なんて感じらしいのです。

なので、アマゾンもグーグルもけっこう失敗も多いらしいのですが、結局やらないとわからないとか、やることによって学びが深まることを知っているので、どんどんトライしてしまう。だからどんどん成長するのです。

そして、それはあなたの場合も同じこと。

完璧主義にならず、すぐにできそうなこと、簡単にできそうなことから、とりあえず始めてしまう。一歩踏み出すことで、あなたの本当の人生が始まり、運も開けていくのです。

第7章

陰の感情への対処法

前章では、やりたいこと、興味関心があることはなるべく早く、できる範囲でやってみる大切さを説明しました。すると、実際やってみればわかることがいっぱい出てくると思います。うまくいくこともあれば、うまくいかないこともあり、すぐに変化することもあれば、なかなか変化しないものもあります。

そして、思った通りにいかなかったり、なかなか変化を感じられない場合、どうしても恐れや不安などの感情が芽生えてきます。これはどんなレベルにいる人にも当てはまることであり、言ってみたら避けられないことでもあります。

この章では、なぜそれが避けられないのかという根本的な仕組みと、恐れや不安など陰の感情への対処法について主に述べていきます。

変化のパターンは2つしかない

新しいことに取り組み始めたら期待すること。これは良い変化です。

何かに取り組み始めてから起こる変化には、「最初に大きく変化するが、やがて頭打ちになる」「最初は変化に乏しいが、ある時点から急激に変化する」という2パターンしかありません。この数学的モデルが「対数的変化」と「指数関数的変化」です。

下の2つのグラフを見てください。縦軸が変化の量、横軸が時間。右が指数関数的変化のパターン、左が対数的変化のパターンです。

始めたばかりのビジネス、感染症の流行など、**自らコントロールできる領域が少ない場合は指数関数的変化のパターンを示すことが多い**のです。最初はあまり変化が見られませんが、ある時点から劇的な変化が起こり始めます。この変化が起こり始めるポイントを「臨界点」とか「ティッピングポイント」と言い

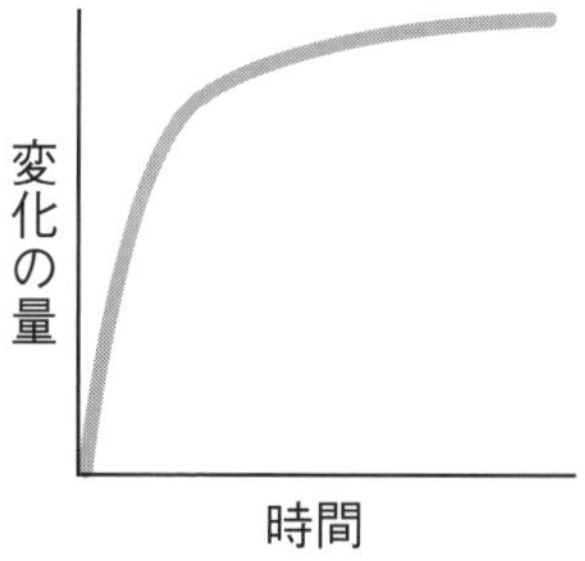

対数的変化

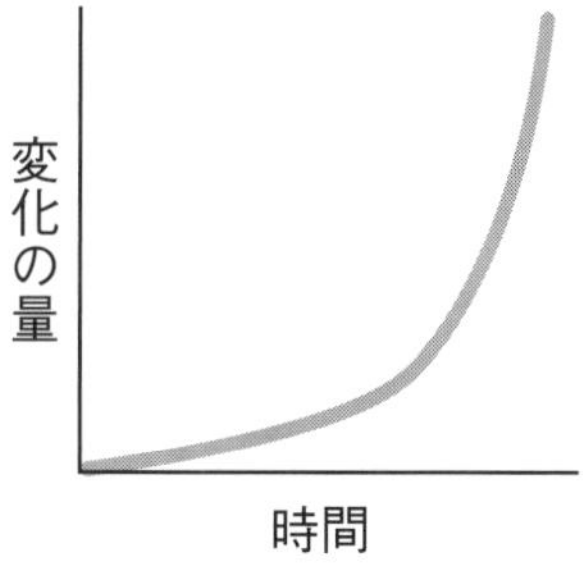

指数関数的変化

ます。

これに対して、**コントロール可能な領域が多く、自ら変化させることができる場合は対数的変化のパターンが起こりやすくなります。**食事や運動の量を自分でコントロールできるダイエットがその1例で、その成果として体重の減少という変化がすぐに起きます。ところが、ある程度まで減少すると変化は乏しくなるのです。

そして、**新たな取り組みの多くは、実は指数関数的変化のパターンを示す場合が多いのです。**新たな取り組みは自分がコントロールできる領域が少ない場合が多いからです。なので、目立った変化が見られなくてもあきらめず、「うまくいく！」と信じ、自分が喜びを感じ楽しめることを続けることが大切です。

あなたがあなた自身を信じ、あなたが望んでいることをやり続けることが、臨界点（ティッピングポイント）の訪れを早めることになりますから。

どうしてもあなたがあなた自身を信じられないのであれば、まずはあなた自身を信じられないあなたを許してください。

「それも仕方がない、それでもいい」と許すのです。

許すことはとても重要ですので、後の章でも改めて説明していきます。

逆に、対数的変化、つまりすぐに変化が起こった場合でも注意が必要なことがあります。

この場合はすぐに変化が起こるので嬉しかったり楽しかったりしますが、どこかでこの変化も頭打ちになる時期がやってきます。

その際に、「やばい、何とかしなければ‼」なんて感じに対処すると、また「べきだ、ねばならない」の行動パターンに逆戻りです。なので、変化が乏しかったり、頭打ちになったりした場合も、うろたえないことがまずは大事です。

結局、右肩上がりで永遠に良い変化をし続けるなどということはあり得ません。景氣にしても、人間のバイオリズムにしても、地球全体の氣候にしても、**上がる時期があれば下がる時期もある**からです。

ずーっと一直線の上り調子だけ、なんて状態はそもそもありません。すべては陰と陽の波を繰り返しながら変化していくものです。

陰あっての陽ですし、陽あっての陰です。これらは持ちつ持たれつの関係であり、**どちらか片方だけだと成り立たない**のです。つまり、どちらも大事ということです。

この大原則を理解しておくことがとても重要です。この原則を知っておけば、たとえ陰の状態が来たとしても慌てずにすみますよね。

ですので、あなたが今、陽の状態にあったとしても、いずれ陰の状態がやってきます。逆に、あなたが今陰の状態にあったとしても、いずれ陽に転換するのです。

そういう意味では、あなたが知っておいたほうがいいのは、陰の状態からなるべく早く陽の状態に転換させる方法です。次にそのコツや言葉の使い方を説明していきます。

陰の感情に蓋をしない

陰の状態も必要ということを考えると、やはり大事なのが**「陰の感情に蓋をしない」**

ということになります。

陰の状態も必要ということは、あなたはそもそものような陰の感情を味わいにこの世に来ている、とも言えるわけですから。

そう考えると、陰の感情を「いやだ、感じたくない」とか、それらの感情を感じているのに「いやー、感じてない、感じてない」なんて拒否していたら、どうなるか？

本当のあなたは、「あれ？　そういう感情も感じにこの世に来ているのに、まだ感じていないの？　じゃあ、**次はもっとすごいやつでしっかり感じてもらおう**」なんて思うはず。つまり、かえって陰の感情をさらに増大させる現象が引き寄せられるのです。

そういう意味では、陰の感情を感じる現象が引き寄せられ続けるのは、それらを避けようとか、それらに蓋をしようとしている意識の表れでもあります。

本当はしっかり感じたいのに、感じないからいつまでも追ってくるのです。ですので、**本当に大事なことは、それら陰の感情も、感じているのであれば、蓋をせずにしっかり感じること**です。

感じてはダメだとか、感じることは良くないとかではなく、すでに感じているのであれば、しっかりそれを感じるということです。感じている自分を「それも仕方がない、それでもいい」と許し、感じ切るのです。

そういう自分を受け入れて感じ切れば感じ切るほど、状況はいい方向に転換していきます。それがことわざで言う**「陰極まれば陽に転ずる」**です。

つまり、**陰の感情も極まらないことには、陽の感情に転換できない**のです。

陰と陽はセットになっている

陰の感情と陽の感情はある意味セット販売なので、単品では買えないということです（笑）。

そう考えると、あなたが「安心」を求めた際には、こんなやりとりになるはずです。

「あのー、私、『安心』が欲しいんですけど？」

「はい、ありがとうございます、じゃあ、これどうぞ」

「えーっと、こっちの『不安』はいらないんですけど……」

「お客さん、それはダメなんですよー、セット販売なんで」

「いやー、そっちはいらないんだけどな〜……」

「ダメです、セットじゃないと売りません‼」

「えー、なんでー？」

「当たり前じゃないですか、いったん不安を感じないと安心を味わえないでしょ？」

「……」


考えてみたら誰でもわかりますが、人間が楽しさとか喜びを感じるのは、何らかの困難や辛さを乗り越えた時ですよね？

あなたは確実に勝てる相手とばかりゲームをして楽しめますか？

すでに何度も解いているパズルを解くことで喜べますか？

楽しめないし、喜べないですよね。だって、そこには陰の感情の要素がまったくないですから。

そういう意味でも、恐れや不安などの陰の感情は必要なのです。

逆に陰の感情になりそうなことを避け続けたり、すでに抱えている陰の感情に蓋をし続けることは、反対の陽の感情も感じない状況を引き寄せていると言えます。

だって、セット販売なのですから。

なので、**なかなか陽の状態に転換しない人は、抱えている陰の感情を感じ切らず、ただ蓋をし続けている、という場合が多い**のです。

陰の感情をしっかり感じるためには

陰の感情を感じ切って、すぐに陽に転換させる達人のような人たちがいます。

誰だかわかりますか？

それは小さな子どもです。

小さな子どもは泣きたい時に泣いて、怒りたい時に怒って、すぐに陰の感情を発散させています。陰の感情をしっかり感じ切ることで、そのエネルギーを陽に転換させているのです。だから切り替えも早いですし、泣いたすぐ後にケロッとしていたり、笑っていたりしますよね。

これがある意味理想ですが、大人が小さな子どもと同じように振る舞うわけにはいきません。そんなことしたら周りから白い目で見られてしまいますし、下手したら警察沙汰になってしまいます。

そうならないために、大人は大人なりに陰の感情をしっかり感じて処理する必要があるのです。

感情は身体にたまる

第3章で、望みが叶った時の身体の感覚的な状態を作っていただきましたよね？　覚えていますか？

あれは陽の感情を感じている身体の状態を作っていただいたのですが、なぜ身体の状態を作ったかというと、感情は身体で感じるものだから、とご説明したと思います。

それは陰の感情も同様で、身体で感じるものなのです。

怒り、悲しみ、恐れなど陰の感情をしっかり感じると、必ずどこかしらの身体に反応が表れます。眉間にシワが寄ったり、胸のあたりが苦しくなったり、胃のあたりがキューっとなったり、腰のあたりがゾワっとしたり、身体の変化は人それぞれですが、その変化は必ずどこかで起こっています。

もしあなたに、いつも思い出して悲しくなるとか怒りがこみ上げてくるという記憶があるなら、その記憶に紐づいている感情がまだきちんと感じ切れていない証拠です。

そういう時は、一度その記憶を思い出した際に、身体のどの辺がどのように変化するのかを観察してみてください。できれば身体を横たえた状態で記憶を思い起こすほうがいいのですが、椅子にゆったりとした姿勢で座っている状態でも大丈夫です。

身体の変化が認識できたら、その記憶は一度わきに置いておいて、その身体の変化に意識を置くようにします。

その身体に起こった変化をそのまま観察するのです。**その変化を消そうとか、なく**

そうとかせず、ただその変化を感じるのです。

しばらくすると身体の変化が緩みますので、そうしたら、そう感じたあなた自身をきちんと受け入れ、慰め、勇氣づける言葉を、自らに投げかけてください。

「そう感じて辛かったよね。
そう感じるのも仕方がないよね。
そう感じても大丈夫だよ」

という具合に。

その言葉を投げかける際に、胸のあたりをトントンしながらやると、さらに効果的です。心臓では別名「愛情ホルモン」と呼ばれるホルモン、オキシトシンが作られますので、その分泌を促すのです。

これを何回か繰り返すだけでも、陰の感情を呼び起こすトラウマのような記憶を思い出しにくくなったり、そのような記憶を思い出してもさほど嫌な感じがしなくなったりします。陰の感情がきちんと処理されたからです。

子どものように暴れるのもOK

この陰の感情の処理の仕方はソフトなやり方ですが、ハードなやり方もあります。

それは、激しい運動や大声、激しい言葉などを交えるやり方です。**思いっ切り動いたり、思いっ切り叫んだり、喚いたり、泣いたりする**のです。

例えば、大声で叫びながらクッションを思い切り殴るとか、喚きながら思い切り泣くとかいうように、小さな子どもがやっているのと同じようにするのです。

ちなみに、これはたまたまテレビに出ていた元メジャーリーガー投手の上原浩治さんが語っていたのですが、彼は感情を押さえ込まないように心がけていたそうです。

悔しければマウンド上であっても、マウンドを思いっ切り蹴ったり、場合によっては泣いたりし、打たれた日にはその日の帰りの車の中で打った相手選手の名前を思いっ切り叫びながら帰ったりしたとのことでした。その習慣もあってか、翌日にその悔しさを引きずることはなかったそうです。

上原さんといえば、ＭＬＢで日本人初のリーグチャンピオンシップおよびワールドシリーズ胴上げ投手にもなった日本を代表する大投手です。その上原さんも感情をため込まないよう、うまく処理していたということですね。

ただし、このやり方で注意が必要なのは、声が漏れる場所などでやると、先ほども言いましたが警察沙汰になってしまう恐れがあるので（笑）、そのような心配がない場所、例えばカラオケボックスなどがおすすめです。いずれにしても遠慮せずに思い切りやることが大事で、これも何回か繰り返すと陰の感情が抜けていきます。

これも身体を思い切り使うこと、つまり「運動」になるので、しっかりやれば運が陽の方向に動き始めるのです。

軽い陰の感情は無理に感じなくてもいい

以上、陰の感情に蓋をせずに処理する方法を述べてきました。

ただ誤解してほしくないのは、陰の感情は何でもかんでも感じ切れ、なんてことを言っているわけではありません。陰の感情にも当然重いものから軽いものがあり、今まで述べたやり方は、何度も思い出して嫌な感情になってしまうなどのトラウマ的な記憶の処理の仕方です。

ちょっとカチンときたとか、ちょっとムッとしたという程度の簡単に割り切れる陰の感情などは、「思い切り感じ切る」なんてことをしなくても大丈夫です。その程度のものは自然と抜けていきます。

ちょっとした陰の感情であれば、**過去形にしてつぶやくのも効果的**です。

例えば誰かに何か言われて頭にきた場合、「ちくしょー、なんだ、あいつ頭に来る!!」だと、脳は「今、そうだ」と認識してしまいます。

これを、「ちくしょー、なんだ、あいつ頭にくる!! **なんて思ったな**」というように俯瞰した感じの過去形でつぶやくのです。

たったこれだけなのですが、過去形にすることで脳は「もう過去のこと」と認識するので、それほど過剰に身体も陰の感情の変化を起こさなくなります。

このようなちょっとした工夫も試してみてください。

未来の不安、取り越し苦労に効く呪文

「心配性なので、いつもちょっとしたことに不安を感じてしまうんです」

こういう方もけっこういます。

前の章でも述べましたが、不安を消せる、あるいはやわらげる対処法や対策があるなら、それはやったほうがいいです。保険のようなものや、対処案を作っておくことで安心できるなら、そうするに越したことはありません。

ただ、対処のしようがない漠然とした不安や取り越し苦労などはどうしたらいいのか？　こういう場合にまず大事なのは、不安になっている自分をただ許して受け入れる、ということです。

不安になってもしょうがないよねー、不安になるのも当然だよねー、という具合に。

だって不安が消えないんだもの、しょうがないじゃないですか（笑）。

ですから、まずそう感じている自分をちゃんと受け入れて許すことが大切なのです。

そして、自分の胸を軽くトントンしながら、次の呪文を唱えてください。

「大丈夫、きっとうまくいく」
「大丈夫、絶対何とかなる」

身体にたまっている負の感情処理と同様、軽く胸を叩きながらこの言葉をつぶやくと、少し不安がやわらぐのを感じられるはずです。

「きっとうまくいく」という言葉は、私の好きなインド映画『きっと、うまくいく』の題名であり、主人公がピンチで幾度となくつぶやく言葉です。

また、「大丈夫、何とかなる」は、あのトンチで有名な一休和尚が「ピンチの時だけ開けなさい」と弟子たちに残した手紙の中にあった遺訓です。そして実際に弟子たちはこの言葉に勇氣をもらい、危機を無事に乗り越えたそうです。

なので、あなたがコントロールできない不安、対処のしようがない不安などに苛まれたら、その自分をまず受け入れ、

「大丈夫、きっとうまくいく」

「大丈夫、絶対何とかなる」

と、胸を軽く叩きながらつぶやいてください。

実際、きっとうまくいくし、絶対何とかなりますから。

第8章

良い状況に転換し、維持するための言葉の使い方

前章では、陰の感情とはどういうもので、それにどう対処したらいいのかを述べました。この章では、陰の感情への対処後、どのような言葉を使うと、より早く陽の状態に転換でき、なおかつそれを維持できるのかについて述べていきたいと思います。

一番の禁句は「どこがダメなんだろう」

何がダメなのかを見つけて、それをなくすことこそ前進、改善、進歩、発展に必要だと私たちは教えられてきました。一見、正論のように思えますが、こうした思考の前提となっているのは当然、「今はダメ」という意識であり、この意識が「ダメ」という現実をまず確定してしまうのです。

これは、人間の観測（意識）により量子の状態が確定するとする量子力学的な観点です。

また、常にダメを意識しているので、あなたの脳も「ダメ」と感じる現象をひたすら捉え続けます。

というのも、脳には、意識しているものだけを「見て聞く」仕組みがあるからです。

そういう意味では、ダメを意識している限り、ダメは減ることなく、むしろ拡大していくのです。

「どこがダメなんだろう?」ではなく**「どうしたら、さらに良くなるだろう?」**と言い換えるようにしてください。それだけで前提の意識が「今はダメ」から「今も良い」にガラリと変わります。「今も良い」を意識することになるので、さらに「良い」が拡大していくことになるからです。

前章で、状況も陰と陽のサイクルを繰り返す、という話をしましたが、人間自体も陰と陽の存在です。

良いところもあれば、悪いところもある。
ダメなところもあれば、素晴らしいところもある。
醜い部分もあれば、美しい部分もある。
得意なこともあれば、不得意なこともある。

好きなこともあれば、嫌いなこともある。

どんな人も相反する2つの要素を併せ持っている存在なのです。

私もそうだし、あなたもそうなのです。

なので、片方のダメとか悪いというところを指摘して直すなんてことは、そもそもしなくていいのです。それをなくそうとする行為は、相対的にその逆である陽の要素をなくしてしまうようなものだからです。

前にも申し上げましたが、陰と陽は持ちつ持たれつです。ですから、**悪い部分を見つけて直すよりも、良い部分を見つけて拡大していくことがとても大切**なのです。そのほうが結果的に悪いとかダメと感じる部分が目立たなくなります。

機械はダメを直せば良くなりますが、人間は違います。人間には意識があるので、**意識したことが拡大する**のです。

ですので、無意識で使っている「どこがダメなんだろう?」という思考パターンを、**「どうしたらさらに良くなるだろう?」**に変換するようにしてください。

うまくいかない、が続いたら、こんな言葉を

陰の感情もしっかり処理して、かつ「こうすればさらに良くなるだろう」ということを実行している。でも、なかなか良くならないし、うまくいかないという時は、こんな言葉であなた自身に問うてみてください。

「どういう意図（目的）でこのような現象が起こっているのだろう？」
「この現象からどんな氣づき、学びが得られるだろう？」

そして、**その問いで最初に思いついたこと、最初に感じたことをなるべく早く実行する**のです。

「最初」というのが肝心です。最初に出てくる言葉が、本当のあなたからのインスピレーションであったり、直感であったりするからです。

瞬間的に答えは出ている

ファーストチェス理論をご存じですか？

「5秒で考えたチェスの一手と、30分考えた一手の86％が同じ」という実証実験の結果から、**選択するべき答えは実は5秒でほぼ出ている**、とする理論です。

ソフトバンクグループの孫正義さんもこの理論の信望者だそうで、「どんなことでも10秒考えればわかる。10秒考えてもわからない問題はそれ以上考えても無駄」と言い、これが会議の効率化や決断の早さなどにつながっているとのことです。

確かに5秒と30分の答えが同じならば、それこそ「29分55秒間考える時間が無駄」なんてことになります。

そして、5秒という時間の長さを考えると、あれこれ思考を巡らせることはできないですよね。どちらかというと、5秒で起こるのは、「何となくこっちのほうがいいかも」とか「もしかしてこういうことか？」という直感的な反応です。

直感的な反応とは、瞬間的に感じる身体の感覚的な反応です。

つまり、**だいたいのことはまず身体の感覚が瞬間的に「こっちだ」「こうしたほうがいい」と反応している**、となるわけです。

逆に後から出てくる言葉は、今のあなたの状態を維持することや、あなたのエゴに都合がいいように解釈した思考である場合が多いものです。

なので、最初に思いついたこと、感じたことが大切です。

最初に思いついたことがすぐに実行できないなら、忘れないようメモしたり、TODOリストに加えたりしてください。

実は、「こうすればさらに良くなるだろう」という思いから実行したことでも、本当のあなたが望んでいる方向からズレていたりすると、なかなかうまくいかなかったりします。逆を言えば、**何だかうまくいかない、何だか流れに乗れている感じがしない、という場合は、本当のあなたが「ちょっと違うよ」「ちょっとズレているよ」と教えてくれている**のです。

そのメッセージを受け取れるか否かも、あなたが本当の望みに近づく上での大切なポイントになります。

潜在意識に答えをもらうのもあり

また、別の確認方法として、「サインを自分で決める」というのも効果的です。

つまり、**「次にこういうことが起こったら続ける、こうなったらさらなる工夫を考える、こうなったら別の道を模索する」というサインを自分で決めてしまう**、ということです。

そうすると、あなたの潜在意識が目に見える形でサインを出してくれます。そして、そのサインに従うと、うまくいく流れに乗ることができるのです。

この見極めのサインで思い出すのが、お笑い芸人のココリコ遠藤さんのお話です。

これはたまたまラジオで聴いたのですが、遠藤さんはそもそも野球少年で、中学時代にはけっこう名の通った存在として、高校進学時には7校もの強豪校から声がかかった「野球エリート」だったそうです。当然、甲子園に行きたかったので、「一番甲子園に行けそうな高校」ということで高校を選定し入学しました。

でも、結果としては、なんと入学した高校以外の6校すべてが甲子園に行き、遠藤さんの高校だけが行けずじまい。この時点ですでに「流れに乗れていない感」がありますよね。でも、夢はプロ野球選手だったので、引き続き大学に進学するなり社会人の強豪チームに入るなりしてプロを目指し続けることはできたそうです。

その一方で、高校野球のトップクラスの選手をたくさん目にするにつれ、「このまま努力してもとても叶わない……」と肌で感じるようにもなっていたらしいのです。そこで、高校3年生の最後の試合で、自分なりに野球を続けるか、野球を辞めるかのサインを決めたそうです。

それは、最後の打席がヒットになったら続ける、アウトになったら辞める、というものでした。

そして、最後の打席が回ってきました。ヒット性の打球を打ち、打った時は「よしヒットだ‼」と遠藤さんも思ったそうなのですが、それをなんと、ファインプレーでキャッチされてしまったのです。つまり、アウトになってしまいました。

ちなみに、そのファインプレーをしたのが、柔道のレジェンド、谷亮子さんの夫である元プロ野球選手の谷佳知さんだったそうです。

ある意味、谷さんが引導を渡したと言えるのですが、私は違う見方をしています。本当の遠藤さん、つまり遠藤さんの潜在意識が、谷さんに打球を捕らせることで、遠藤さんに方向転換を促したのです。

実は、遠藤さんは子どもの頃からプロ野球選手に憧れていましたが、それと同じくらい芸能界にも興味を持っていたそうです。ただ野球も好きだし、才能もあったので、野球を一生懸命やっていました。でも、どこかで限界を感じていたわけですし、流れに乗れていない感もあった。そして自分で決めた通り野球を辞め、いったんは一般企業に就職します。

結局2年ほど会社員生活をしたそうですが、自分とほぼ同年代の人たちがお笑い芸人として活躍しているのをテレビで見るにつれ、「自分もやってみたい」という欲求がふつふつと湧き上がってきたそうです。

そして、会社を辞め、幼馴染だった田中さんを誘って上京。

お笑い芸人になるなら吉本興業もある地元大阪でもいいと思うのですが、遠藤さんはなぜか「東京に行ったほうがいい」と感じ、その直感に従って上京したそうです。ココリコと言えば、今も現役の芸人さんとしてお二人ともいろいろな分野で活躍されています。つまり、結局はサインに従って潔く野球を辞めたことでお笑い芸人としての道が見え、さらに直感に従って上京することでお笑い芸人となり、うまくいく流れに乗れたわけです。

もちろん、自分が一生懸命やっていたことや、好きなことを手放すのは容易なことではありません。今までの努力や苦労を考えたら、「そんなの嫌だ」と思ってしまうのが当然です。でも、それを手放すことで本当のあなたが求めていることが逆に見えてきたりするものです。

遠藤さんの例で言えば、野球に固執し続けていたら、今のお笑い芸人としての遠藤さんはなかったわけで、野球を潔く手放したから、本当の遠藤さんが望んでいる道が見え、そこに進めたのです。

頑張るほど能力が発揮できなくなる訳

「頑張る」という言葉は、自分や他者を力づけ鼓舞する、良い言葉として使われます。

でも実は、「頑張る」という言葉は、無意識に自己卑下につながっていたりするのです。

「頑張る＝我を張る」とも言います。「我を張る」というのは、「俺が俺が」と他人に対して自分のすごさや優位性を誇示することでもあります。自分の優位を誇示するのは、その裏に恐れや不安の意識があるからにほかならず、自己卑下につながっているものだからです。

さらに言えば、「頑張る」という言葉を分解すると、「頑《かたく》な」になって「張る」ですよね。人が「頑な」になって「張り」詰めている状態は、いわゆる緊張状態です。

第1章でも触れましたが、そのような際に体内で働いているのは闘争と逃走の神経と呼ばれる「交感神経」で、脳波も高β（ベータ）となり、強いストレスを受けている時に発せられる脳波の状態に変わります。

また、脳内でコルチゾールやアドレナリンなど、ストレスを感じるための脳内伝達物質が大量に放出され、それらが出続けている状態がさまざまな障害を起こすことをご説明しました。つまり、そういう時に限って、本来持っている力が発揮できないのです。

ですから多くの人は緊張しないように腐心するわけで、一流のスポーツ選手なども最後はいかにリラックスできるかが勝負だったりしますよね。当たり前ですが、**リラックスしているほうが本来持っている力が出せる**からです。

なので、自分や他人に対して「頑張る」という言葉を使うことを私はおすすめしていません。無意識に緊張状態を作り、能力を発揮しにくくする可能性があるからです。

ただ自分のベストを発揮することに意識を向ける

頑張る、と言う代わりに意識してほしいのが、**「自分のベストを発揮する」「最高の**

自分を出す」ということです。

周りや他人の評価、損得、有利不利など関係なしに、ただ最高の自分を発揮することだけを意識するのです。

自分のためではなく、家族のため、社会のために頑張るという場合も同様です。「今の最高の自分を発揮することで、結果的に家族、社会、さらに世界に貢献することにつながる」という意識でいればいいのです。そこには他者との比較も自己卑下もありません。自分に意識を集中し、リラックスした状態でいられます。

つまり、「頑な」になり「張り」詰めているような緊張状態ではありません。

こういう時にあなたの身体の中で働いているのは「副交感神経」で、あなたの表情は緩んでおり、身体の筋肉も弛緩した状態です。

この状態のあなたからは自然体のエネルギー（波動）が出て、周囲も良い影響を受けるので、物事がうまくいくでしょう。脳波はα波か浅いθ波になり、いわば一種の瞑想状態にあるため、いいアイディアが浮かぶなど、ひらめきを得やすくなります。

トップアスリートや一流の企業人などがマイペースで物事を楽しんでいるように見

えるのも、リラックスしてベストの自分を発揮できる状態にあるからです。

あなたも、無意識のうちに頑張ろうとする代わりに、「最高の自分を発揮する」という言葉で、思考を転換するようにしてください。

「問題」は「課題」と言いかえる

「これが問題です」

「これが課題です」

それぞれを、どう感じますか？

確実な傾向として私が感じているのは、「問題」という言葉には「困難そう」とか「大変そう」というネガティブイメージがつきまとっているということです。

実際にあなたも、「これが問題です」とつぶやいた時にどんな感じがしますか？

何か「重い」感じがしませんか？

第3章でご紹介した自分の身体で確認する方法で試してみても、たいていの人は

「これが問題だ」とつぶやくと、かなりヨロヨロします。

「問題だ」とつぶやいた時に、無意識に「困難」や「大変」を想起するので、本能的な身体の反応も「イヤだ、やりたくない」となるからだと考えられます。そして、**「困難」や「大変」などの前提意識で行動をすれば、当然解決が困難になるという現象を招きやすくなる**わけです。

一方、「課題」という言葉にはどんな感じがしますか？「課題」のほうがなぜか軽い感じがしませんか？

自分の身体で確認する方法で試してみても、「これが課題だ」とつぶやいている時は、たいてい安定してしっかりしています。実際に試してみてください。

これも傾向として感じるのは、「課題」という言葉には「克服できそう」とか「何とかなりそう」などといったポジティブイメージとの結びつきがあるということです。「克服可能で何とかなりそう」という前提意識で行動するので、実際に何とかなりやすいですし、そのようなリラックス状態のほうが課題解決に関するインスピレーションや直感を得やすくなることは以前の章でもお話ししました。

ですので、私は「問題」という言葉より「課題」という言葉をおすすめします。

課題に直面した時に使ってほしい言葉

「問題」よりも「課題」のほうがおすすめなのですが、課題を解決する具体的なやり方がわからなかったり、どこから手をつけていいのか見当もつかない時などには「難しい」なんていう言葉を自然に発しがちです。

確かに、簡単ではないと感じる課題を「難しい」と思ってしまうのは当然と言えばそうなのですが、これも「難しい」とつぶやく限り「難しい」を意識するので、「難しい」が拡大していきます。そしてさらに、「難しい」と感じる理由や原因を探し始めるからです。

「難しい」と感じる理由や原因が大きくなればなるほど、やる氣は失せ、結局課題は解決しないまま残ることになってしまいます。

なので、これも言葉の習慣として身につけてほしいのは、「難しい」というつぶや

きを、

「どうすればできる？」

「どこからだったらできる？」

というつぶやきに変えることです。

つまり、「難しい」という言葉をつぶやくことで「難しい」原因を拡大するよりも、「どうすればできる？」とか「どこからだったらできる？」とつぶやくことで、**解決する方法ややり方に意識を向け、拡大する**のです。そのほうが当然、課題解決のアイディアやインスピレーションも降りやすくなります。

ただし、**課題解決のアイディアが何も浮かばなかったら、いったん課題を手放す**というのも手です。

課題を放り投げる感じで氣が引けますか？

ただ実際には、「あー、もういいや」なんて感じにいったん手放したほうが、脳もリラックス状態になるので、インスピレーションや直感も降りやすくなるのです。

そして、降りてきたインスピレーションや直感をもとに行動していく。そのほうが結果的には早く事態は好転していきますよ。

他人からの批判や非難はあるのが大前提

あなたが何か新しいことに取り組み始めたり、何かを思い切って変えたり、勇氣を出してやめてみたりすると、当然それに伴ってさまざまなことが変化し始めます。

その変化には、あなたの周りにいる人のあなたに対する視線や、あなたに対する態度、あなたに投げかける言葉なども含まれます。その中には、あなたの変化や新たな取り組みを快く思わない人も当然出てくるはずです。

ユダヤ教の教えにこういう言葉があるそうです。

「10人の人がいるとしたら、そのうち1人は何があってもあなたを批判し、嫌ってくるし、あなたもその人を好きにはなれない。10人のうち2人は互いにすべてを受け入れ合える親友になれる。残りの7人はそのどちらでもない」

必ずそのような比率分布になる、ということですね。

また、似たような「2・6・2の法則」というものがあります。

この法則は北海道大学の長谷川英祐准教授がアリの生態を研究している中で発見したもので、簡単に言うとこんな感じです。

働きアリの組織は、よく働いているアリと、普通に働いている（時々サボっている）アリと、ずっとサボっているアリの3種類に分かれ、その割合は必ず2：6：2になる。
よく働いているアリだけを集めても、一部がサボり始め、やはり2：6：2に分かれる。
サボっているアリだけを集めても、やはり一部が働き出し、結局2：6：2に分かれる。

つまり、分担割合を変えようといろいろやってみても、最後は2：6：2になってしまうらしいのです。そして、よくよく調べてみると、アリの生態以外にも人間の組織、生態にもこれに近い比率分布が見られるそうです。

ユダヤの教えにしても、2－6－2の法則にしても、だいたい比率が同じになるのが興味深いですよね。ある意味、それが自然の法則なのだと思うのです。

であるならば、この割合はあなたの周りの人にも同様に当てはまるはずです。

つまり、「あなたのことを嫌っており、あなたもその人が嫌い」「あなたを特に意識していない人で、あなたもその人を特に意識していない」「あなたのことが大好きで、あなたもその人が好き」という人たちの割合に等しくなるのです。

そういう意味では、あなたを批判したり非難する人は必ずいるし、今後も出てきます。なので、**批判を恐れたり、批判自体をなくそうとする必要はなく、ただ「そういうもの」という感じでいったんは受け入れてしまうほうがいい**のです。

批判や非難は中身を冷静に俯瞰する

もちろん、他人から批判されたりするのは嫌なことですよね。当然私だって嫌です。

ただ**批判の中にも、「それは一理あるかも」「そういう見方もできるかも」という氣**

づきにつながるものもあります。つまり、自分では氣づかなかった点を指摘してくれるものもあるのです。そういうものは改善、改良の材料として使うことが大事です。なので、そういうものは**批判というより意見として受け入れてしまう**のです。

ただ、そのような氣づきに結びつかない批判も実際はあります。

そのような批判の多くは、批判する人の「あきらめ」や「妬み」の感情に起因しているもので、そのような批判には取り合わないことが賢明です。

「そういう人もいるよね」程度に受け止めて流していれば、いずれそういう人はあなたから離れていきます。あなたが特に意識しなければ、いなくなるのです。

ですから、そのような批判にいちいち対抗したり、批判をなくそうと努力する必要はありません。**あなたがその人をかまわなければ、その人はあなたの前から自然と消えていくので、心配しなくても大丈夫**ですよ。

第9章

さらに良い状況を引き寄せる言葉の習慣

一流の人とそうではない人の違いは、使う言葉にあると言われます。

一流の人は、**「ありがとう」「嬉しい」「楽しい」「素晴らしい」「幸せ」「ついてる」**などのポジティブな言葉を意識して発しているのに対し、そうではない人は「ダメ」「最悪」「ムカつく」「バカじゃないの」「くそっ」「ついてない」など、読むだけでも不愉快な言葉を無意識に発するのが習慣となっているというのです。

一見、些細なことですが、こうした言葉の積み重ねこそ両者の違いを生んでいるわけです。

なぜそうなるかは今まで科学的な裏付けも含めてご説明したので、もうおわかりですよね？　この章では特にあなたにも身につけていただきたい、良い言葉の習慣について述べていきたいと思います。

超お金持ちに共通する言葉の習慣

ラジオパーソナリティや映画評論家として著名な有村昆さんについて、テレビで知った印象的な話があります。彼は裕福な家庭で育ち、けたはずれなお金持ちエピソードの数々が紹介されましたが、私が注目したのは、ご両親から毎日 **「今日はどんな良いことがあった？」** と聞かれたという話です。

毎日聞かれるうちに、有村さんは、**自然と「良いこと」を意識する習慣がついた**と言います。

私が月1回主催する講座でも、同じ質問を毎回、最初にしています。参加者は、1か月間にあった良いことを振り返って確認するワークをペアで行うのです。

これは、多くの人が不満や不安などに意識が向きがちで、それが拡大して負の現象を引き寄せるスパイラルに陥りやすいので、「良いこと」を意識する習慣を身につけると同時に、「良いこと」が起きている実感を高めるためです。

実は私の講座の参加者で、ある財閥一族出身の経営者の方からも、家庭で有村さんと同様の習慣をつけられたと打ち明けられたことがありました。友達と喧嘩をしたり、いじめられた時でさえ、**「そこからどんなことを学んだ？」** などと聞かれたらしいのです。つまり、**嫌だったことや辛かったことでも、そこに含まれる良かった点**をしっこく聞かれたわけです。

実際、良い悪いの判断はあくまで主観的判断であり、完全な陰もなければ完全な陽もない、という話は前にもご説明しましたよね。そうであるならば、もちろん無理のない範囲でですが、できるだけ陽の要素を意識して拡大していく、というほうが当然いいはずです。

これも前にも書きましたが、私たちは長年100点を取ることがエライという教育やしつけを受け続けていたので、どうしても、できないところ、足りていないところに目を向けがちです。いわば自動的にそういう部分に意識を向けがちなのです。

脳の仕組みや量子力学的な観点で考えると、意識することがどんどん拡大しますので、それではかえって良くなりません。そして実際、超お金持ちの状態を維持し続けている家などでは、まったく逆のことを習慣にしていたりするのです。

なので、今ここからでもなるべく、あなた自身やあなたの周りにいる大事な人に、**何が良かったのか、何が良くなったのか**を質問する習慣を持つようにしてください。

あなたやあなたの周りにいる人の脳を、良いことに意識が向きやすくなる脳に作りかえるのです。そうすれば、あなたやあなたの周りの人の「良い」がどんどん拡大していきます。

お金を払う時に心がけてほしいこと

お金持ちの話をしたので、そのついでにお金を払う時の話もしましょう。

あなたはお金を払う時、どんな氣持ちになりますか？

もちろん、払う金額にもよるでしょうが、高額になればなるほど、「仕方ない」「残念だ」という氣持ちになりませんか。

それは、お金が減ってしまった残念な氣持ちと、不安があるからでしょう。お金を払うたびに不足感、不安、残念だという氣持ちが自動的に生まれていれば、その通りの状況がますます引き寄せられるようになります。何度も言っていますが、意識していることが拡大するのがこの世の仕組みですから。

あなたが、「私、まさにそのパターンだ‼」と言うのなら、**あなたが払うお金が人々**

の生活を豊かにし、潤す様子を想像しながら払うことを実践してほしいのです。そのお金を払うことで、どんな人たちにどう貢献するのか、役立つのかを実感しながら払ってみてください。

例えば、あなたがスーパーで野菜を買えるのは、野菜を育ててくれた農家の人々、その野菜を売ってくれた市場の人々、そして野菜を流通させるために運んでくれた人々、売ってくれたスーパーの人々……と、実に多くの人が関わってくれたからです。このようなつながりのことを、仏教の言葉で「縁起」と言います。

お金を使う時は、彼らの働きとご縁に感謝し、あなたのお金が彼らの暮らしの支えになった喜びを感じながら、払うようにしてください。払う額がたとえ100円でも、100万円でもね。

それに加えて頭の中で、「貢献しているなー、潤しているなー」なんてつぶやきながら払うのも効果的です。そのような言葉をつぶやくほうが「縁起」を想像しやすいからです。

自己評価と他人の評価は一致する

突然変なことを聞きますが、あなたはあなた自身のことを「クリエイティブ」だと思いますか？

「めちゃクリエイティブ」
「わりとクリエイティブなほう」
「どちらかと言えばクリエイティブじゃない」
「クリエイティブとはほど遠い」

いろいろな答えがあると思います。

クリエイティブの定義は人それぞれですが、一般的に他人から「クリエイティブだね」と言われる人にはある特徴があります。その特徴とは……ズバリ、**「私って、クリエイティブだなー」と自分で自分のことをそう思っている人**です。

実は、「クリエイティブか、クリエイティブじゃないか」の違いは、たったこれだけなのです。要は、**自分で自分自身のことをどんな存在だと認識しているのかが、そのまま他人の評価や見方につながっています**。私も多くの人の相談に乗ってきましたが、ほぼ100%、これは当てはまると思っています。

自己評価が高い人は、他人からの評価も高い。
自己評価の低い人は、他人からの評価も低い。

このような傾向は確実にあります。

自己評価とは、自分が自分自身をどのように意識しているかということですので、その意識通りに量子の状態、すなわち現実が確定していくわけです。

徹底的に自分を許し信頼する

これも自己評価と関連することですが、真面目な人ほど他人から非難されたり、責められたりすることがけっこう多い、ということがあります。

なぜこのような傾向になるのか？　それは、ほぼほぼ「自分に対するダメ出しが厳しいから」です。

真面目な人ほど、「もっとちゃんとしなきゃ」「ダメな部分を直さなきゃ」と頑張ります。このままの自分ではダメだから、このままでは評価されないから、苦手なことでも辛いことでも頑張ってやらないと！　でも、結局そんなに認められない。ひどい場合は、成果を誰かに横取りされたりも……。

こんな状態が続けば、それこそ今や国民病とも言える「うつ」になってしまいます。

特に日本人は根が真面目な人が多いので、ダメな自分を追い込んでうつ状態になってしまう人が多いのでしょう。ダメな自分、できない自分を認められず、それを克服しようと頑張り続けるがあまりに。

この状態から抜け出すためには……。

第一段階として重要なのは、**「ダメな自分、できない自分を素直に認める」**ということです。無理やり、「ダメなところ、できないところ」を直そうとするのではなく、まずはそのような自分を認めて許すのです。

これが実はとても重要だったりします。なぜなら、あなた自身があなたを受け入れれば、他人からも受け入れられるようになるからです。

あなた自身を、「それはそれでもしょうがない」と受け入れ、評価するようになれば、他人からも「あー、あの人はそうだよね」と受け入れられ、評価されるようになるのです。そして、あなたのいい面を評価されるようになってきたりします。

なぜこんなことが起きるかというと、単純に、あなたがあなた自身を認めて許したからです。あなたが、あなた自身を認めて許しているので、その意識状態に従ってあなたの身体を含めた周りの量子の状態が確定していくのです。

それが現実の変化という結果として表れるのです。

自分のことを信じられず認められない自分も許す

「でも、正直、こんな自分自身を認めて許すのが難しい……」

そういう人も実際にいます。

そういう場合はまず、**自分を認められない自分を許してください。**

「自分で自分のことを認められない、自分のことを許せないのもしょうがないよ」という具合に、徹底的に自分を許して受け入れるのです。

考えてみてください。そもそも何をもってして「ダメ」だったり、「できない」なのでしょうか？

「ダメ」という基準も、「こうするのが正しい、良い」という基準があるからですが、その「正しい、良い」という基準がそもそも曖昧です。

日本の常識は世界の非常識、という言葉がある通り、場所や文化が変われば、そのような基準は簡単に引っくり返ります。**「できない」ということについても、そもそも本当にそれを自分がやらないといけないのか、**ということです。

私だって量子力学に関するブログを書いていますが、数学者でさえ難解とされる量子力学の数式なんて、まったく解けません。だから、はなからそんなことはあきらめて、実際に量子の世界でどのような現象が確認されているのかを文章にしてお伝えすることにフォーカスしているのです。実際に、そのほうが私の「好き、得意」だったりするからです。

ですので、まずはダメな自分、できない自分も認めて許してほしいのです。

ダメな部分を無理やり良くしようとしたり、できないことを無理やりできるようにならなくてもいいのです。それらは、それが好きだったり得意だったりする人にまかせればいい。

この世に、すべてを完璧にこなすような人間は存在しません。

皆、得意不得意、好き嫌い、良い悪い、美しい醜い、を抱えている「陰陽の存在」です。バカと天才は紙一重、なんて言われていますが、ある意味天才は、自分の「ダメ、悪い」を無視してきた人です。だから常識はずれだったり、変人扱いされたりしますが、その一方で天才として評価されるのです。

ですので、あなたも、あなた自身のダメなところやできないところを無理に「何とかしよう」というのは手放して、まずはそれを認めて許してください。

傲慢になれ、ということではない

ただ、勘違いしてほしくないのですが、ワガママで傲慢になれ、なんていうことを言っているのではありません。

ただ自然体になって、自分自身を認め、許し、信じるだけでいいのです。

逆に傲慢になるということは、それも結局、自己卑下なのです。

傲慢な人というのは、結局そのように振る舞わないと上に見てもらえない、スゴイ人と思われない、という自己卑下意識が隠れているので、結局認められることはないし、評価もされません。「傲慢で嫌な奴」で終わり、人が離れていくか、同類しか周りに集まりません。

結局、自然体で自分を受け入れている人は、他人に対して偉ぶることはなく、他人も受け入れます。

自分も周りの人も自然体でいられる付き合いのほうが快適でしょう？　自分自身を

認め、自分自身を信じれば、周りにもそういう人が集まってくるのです。つまり、より快適な現実が現象として表れてきます。

裁判官にならない

また、嫌な氣分にならないために、これも心がけておいたほうがいいと思う習慣があります。

その1つが、**「ジャッジしない」**という習慣です。

ジャッジしないというのは、誰かをダメだとか悪いとか、非常識と批判したり裁いたりしない、ということです。

ただ、その一方で、世間にはジャッジがあふれていますよね。ニュースやワイドショーでは、誰がどんな悪いことをしたとか、どこの企業がどんな不祥事を起こしたとか……、そんなニュースを観たり聞いたりすると、どんな氣分になりますか？　少なくとも嬉しく清々しい氣分にはなりませんよね。どちらかというと、嫌な氣分になったり、怒りの感情が湧いてきたりすることと思います。「悪いやつだ」とか「ダメな会社だ」とか、要するにダメ、悪いなどとジャッジすることで陰の感情になっているのです。

そうであるならば、ジャッジしなければ陰の感情にならずにすむはずですよね。何もニュースだけではなく、あなたの周りにいる人の何氣ない言動に対しても、ジャッジをしなければ、いたずらに陰の感情にならずにすむはずなのです。**「仕方がない」「それはそれでしょうがない」**と、まずは受け入れてしまうのです。

前にも述べましたが、実際、物事には陰と陽の両面が必ずありますので、一概に一部だけを切り取って「悪い」「間違っている」と決めつけることにも無理があります。

もちろん、「ジャッジしない」というのは簡単なことではありません。人間誰しも「良い、悪い」「正しい、間違い」の基準を持っていますので、その基準で自動的にさまざまなことを解釈、つまりジャッジしてしまうからです。

なので、この「ジャッジしない」という習慣も、**「なるべくそうする」**程度に留めておいてください。そうしないと、「あー、またジャッジしちゃったー、ダメだなー」

なんて感じに、あなたがあなた自身をジャッジしてしまいますから。

被害者にもならない

もう1つ、これも心がけていただいたほうがいいと思う習慣があります。

それは、**「被害者にならない」**ということです。

あなたが、誰かや何かのせいで、自分は今、不本意な状態、嫌な氣持ちになっている、と感じているのなら、あなたは被害者になっています。

自分がこんな状態なのは、あの人のせい、会社のせい、環境のせい、過去のせいと考えている限り、あなたはそれらの被害者という立場を選択していることになります。そのような立場を選択していれば、それらに対する不平や不満は消えません。つまり、**被害者になることで、嫌な氣分の状態を自ら選択し続けていることになる**のです。

被害者意識に陥らない人は、たとえ思い通りにならないことや、嫌な氣分になることが起こったとしても、**それが起こった意図や目的を考えます**。自分が向き合う必要がある課題を解決するための、学びや氣づきの機会と捉えるのです。

「これは何に氣づかせるために起こったのだろう?」
「これにはどんな学びがあるのだろう?」

被害者意識に陥らない人は、こうした言葉を自分自身に投げかけ、そこでの氣づきを自分の振る舞いや行動などに反映させます。

なので、**すぐに嫌な氣分から立ち直りますし、改善を重ねていくことになりますので、どんどん良くなっていく**のです。

不平不満を言い続ける被害者として生きるのではなく、自らの意思でより望ましい状態になる選択をする人生を生きませんか。

人生の被害者として生きるのではなく、望ましい人生を自ら選択して作っていく、人生の主体者として生きるのです。

自業自得の科学的仕組み

実は脳の仕組みから考えても、ジャッジしたり被害者にならないほうがいいと言えます。

なぜなら、**脳にはそもそも主語という概念がない**からです。

脳は本来、他人と自分の区別がつかないのです。

ハーバード大学の脳神経科学者、ジル・ボルト・テイラー博士は、自身の体験でその事実を確認した稀有な研究者の一人で、彼女はこんな体験をしています。

1996年12月のある朝、彼女は脳卒中に見舞われました。脳科学者の彼女は自分の身に何が起きたか認識します。脳卒中は左脳で発症したため、左脳の機能の低下に伴って言葉が話せなくなっていきました。

それと同時に、自分と他者との区別や、自分の身体と空間との境界線がわからなくなり、あたかもすべてのものと原子レベルで溶け合い、一体となったような至福を感じたと、著書『奇跡の脳』（竹内薫訳　新潮社）に詳細な描写をもって記しています。その状態はまさに、悟りの境地、ワンネス状態と言えますよね。

自分と他者との区別を司っているのは左脳です。左脳の機能が低下したため、自分とあらゆるものとの区別がつかなくなったのです。他人と自分の区別をしないのは、実は脳の本能的な部分「大脳辺縁系」と「脳幹」です。この部位が、自分と他者、さらに言えば現実と想像の区別をせず、まず本能的反応をするのです。

例えば、梅干しを想像しただけで唾が出てきたりしますが、脳の本能的機能を担う部位は、現実とイメージとの区別をしないので、理性的にはただの想像と理解してはいても、本能的な反応が起きてしまうのです。

そうなると、脳の本能的な部位は、現実と想像、自己と他者を区別せず、「今、起きている」と認識するのですが、誰かをジャッジしたり、自分が被害者になったりしている場合はどうなるでしょうか？

誰かを「悪い」とジャッジすることは、自分自身も「悪い」とジャッジしていることと同じであり、「あの人のせいで」と誰かを責めることは、自分自身を責めているのと同じだ、となります。**脳の本能的な部位は「自分が悪い」と認識し、意識する**のです。

このような状態を量子力学的に考えると、現実を作っている量子の状態もさらにそうなる確率が高まることとなり、脳科学的に考えても、他人や自分の悪いところや責めたくなることをますます意識するようになる、と言えるわけです。

つまり、**自分の言葉や行動は自分に返ってくる**わけです。人をジャッジすればジャッジされることになり、人を責めれば責められることになるのです。他人に寛容であれば他人からも受け入れられ、他人を責めなければ他人からも責められない、ということです。

「ない」より「ある」を意識する

あなたは、何か探し物をしている時にどんな言葉をつぶやいていますか？

たいてい、「あれー、ないない、なんでないのー」なんて言葉をつぶやきがちではないですか？

これは誰でもやってしまいがちなことですが、「ないない」という言葉をつぶやいていれば、当然「ない」を意識していることになるので、余計に見つかりにくくなります。

つまり、探し物をする時には**「あるある、きっとある」**なんて言葉をつぶやいたほうが見つかりやすいのです。

というのも、「ある」という言葉をつぶやくことで、意識も「ある」に向かうので、探し物がある場所に意識が向きやすくなるからです。

探し物という些細な例を出しましたが、実はこれはすべてに言えることです。

私たちがやってしまいがちなことは、社会通念的な基準や他者との比較をすることで「ない」に意識を向けるということ。そして、ここまで何度も申し上げていますが、意識したことはどんどん拡大していきます。

「ない」に意識を向ければ向けるほど「ない」は拡大していくので、不平や不満、不安も募りやすくなるのです。

なので、これも習慣として身につけてほしいのは、**「ある」という言葉をなるべく使う**ということ。それだけで「ある」に意識が向かいやすくなり、「ある」が拡大し、満足感や安心感も拡大しやすくなるからです。

貯金が100万円あるとしても、その貯金を「100万円しかない」と意識するか、「100万円もある」と意識するかで全然感じ方は変わりますよね？

社会通念的な基準や他者との比較をやめ、「ある」に意識を向ける。

そのために「ある」という言葉を使う習慣を身につけてください。

そうすれば、普段は意識しないようなたくさんの「ある」に氣づきやすくなりますし、実は普段あまり意識しないような「ある」のほうが、本当はとても大切だったりしますから。

実際、人が本当の辛さや悲しさを感じるのは、普段は特に意識しない「ある」がなくなった時です。住む場所がある、働ける場所がある、毎日お風呂に入れる、家族がいる、手足がある、目が見える、耳が聞こえる、匂いが嗅げる、などなど……。

「今後、味覚が完全に麻痺するけど、その補償として1億円を差し上げます」なんて言われたら、あなたはどうしますか？

1億円を選びますか？　私は絶対に嫌です。

ということは、すでに金額に換算できないほどたくさんの「ある」をあなたは所有しているということです。

その「ある」を自覚して、満足感と幸福感に満たされるか。

それとも、社会の基準や誰かと比較して「ない」を意識し、不平や不満を拡大し続けるか。

どちらが望ましい状況になるかは、もう言わずもがなですよね。

神頼みはやめ、ただ感謝する

世界で初めて無肥料無農薬でリンゴ栽培に成功した木村秋則さんの話は前にも紹介しましたが、彼にはこんな話もあります。

木村さんは、無肥料無農薬でのリンゴ栽培にチャレンジしてからの数年は本当に苦労の連続でした。食うのにも困るという状況が何年も続き、まさに藁《わら》にもすがる状況の時は神社仏閣に何度もお願いに行ったそうです。でも、一向に良くならなかったことから、以来神社仏閣にはお参りに行ってはいないとのこと。

実は、私にも同じような経験があります。

この神社の神様はスゴイ、この神社にお参りすると運氣が上がる、こういうお参りの仕方がいい、などと聞いてはせっせと参拝したりしましたが、その時は木村さんと同様、一向に良くなりませんでした。その後、量子力学や脳科学などを勉強するにつれ、「あれ、これって逆をやっているのでは?」と思うようになったのです。

神社仏閣で、「こうしてください!!」「こうなるようお願いします!!」とお祈りしている時の前提となる意識は間違いなく、「自分には無理、できない」「私にはそれがない」という状態です。だって、「こんなの簡単、すぐに手に入る」と意識していたら、わざわざお願いしに行きませんよね?

いわば、**必死に願えば願うほど、「私には無理、私にはない」と自分自身に刷り込んでいる**ことになってしまいます。そして、その通りの状況が続いていく……。

実際に私も、神社仏閣にお願いしなくなってから状況が改善していきました。ですので、今では何かご利益を授かろうとして神社仏閣に行くことはありませんし、パワースポット巡りもしていません。

もちろん、神社仏閣やパワースポットに行くこともありますが、そこでは、その氣持ちのいい雰囲氣や空氣感を感じてみたり、そういう環境を味わえることに感謝したりしています。神社仏閣やパワースポットと言われる場所は、本来そのような場所なのだと思うのです。

そういう場所にはたいてい、大木があったり、緑が豊かだったり、きれいな水が流れていたりしますよね。そういう場所に行くと、実際に人間は癒され、パワーをもらえますから。そして、癒しとパワーをいただけたことに感謝する。それだけでいいはずです。

ちょっと話がそれましたが、いずれにしても「何とかお願いします‼」なんて感じの神頼み的なことはやめたほうがいい、と私は思っています。「願う＝無力化する行為」だと私は感じているからです。

「願う」より、本当の自分の「願い」に従う

もう1つ例として挙げたいのが、これも前の章で少し取り上げた『きっと、うまくいく』というインド映画です。

この映画はインド屈指の理系エリート大学生の話ですが、主人公はそのエリート校の中でも成績が抜群に優秀、かつ自由人のランチョーです。

そのランチョーの友人の一人がラージューですが、彼は基本、何でも神頼みで、いろいろなスピリチュアル系のグッズをつけ、いつも神様を拝んでいます。

ラージューは家が貧乏な苦学生なので、何としてもいい成績をとって、立派な会社にエンジニアとして入り、家族を支えようと必死です。でも、一向に成績が上がらず、神頼みを頑張っている。一方のランチョーは、成績などあまり氣にしておらず、単純に好きなことを探究しているだけなのですが、成績は常にトップ。

ラージューも工学は好きなのですが、恐れと不安がいっぱいで、工学を学問として

楽しめる状況ではありません。そんなラージューに、ランチョーはこう言います。

「心は臆病だから麻痺させる必要がある。そういう時は胸に手を当ててこう言え。『きっとうまくいく』って」

そんな将来の不安などに苛まれるのはやめて、大丈夫だと、今ここで安心してしまえ、ということです。

加えて、ランチョーが彼の友人二人に強調するのは、「本当の自分の想いを押し殺すな」ということです。家族の期待に応えよう、そのためにいい成績をとっていい会社に就職しよう、なんて考えず、自分が情熱を傾けられることに集中しろ、とけしかけます。

もちろん、それは勇氣のいることです。何しろ自分が情熱を感じることを選択するのは、常識的に考えると不安で危険、うまくいかない確率のほうが高いと感じるからです。

ですが、結果、それが良い状況を引き寄せる……。

ちょっとネタバレになってしまいましたが、そんな感じで展開します。

もちろん、この映画はフィクションですが、本質を突いていると思っています。神頼みなどの「願う」ことに必死になるより、**「大丈夫、きっとうまくいく」と今ここで安心し、自分が情熱を傾けられる、本当の自分の「願い」に集中しろ**、ということなのです。

その結果、そのほうが本当にうまくいく。量子力学、脳科学的に考えても、私自身の経験から言っても、そうだと確信してます。

頑張ったご褒美は要らない

あなたには、「今日は頑張ったから自分へのご褒美」なんていう感じで美味しいものを食べるとか、「仕事を頑張ったから自分へのご褒美」なんて感じで欲しいものを買うという習慣がありませんか？

なぜこのような習慣があるかというと、「ご褒美＝頑張った対価」という意識があるからですよね。

そうなると、無意識レベルでは「頑張らないとご褒美はもらえない」、つまり「頑張らなければご褒美をもらう価値がない」となり、極論すれば「自分は頑張らないと価値がない」となってしまう。

潜在意識が「頑張らなければご褒美をもらう価値がない」、つまり「自分は頑張らないと価値がない」と意識していれば、価値を高めるためにひたすら頑張り続ける現実が生まれます。潜在意識（無意識）が自分の無価値を意識しているので、無価値を感じる現実が起こり、それを頑張りで何とかする日常となるわけです。

真面目な人ほどこのループにはまってしまう傾向があると感じます。

ちょっと考えてみてください。別に頑張らないでご褒美をもらってもいいでしょう？「頑張らない人にはご褒美をあげてはいけない」なんて法律もないですし（笑）。欲しいのなら欲しい時にご褒美をもらってもいいじゃないですか。

買えるお金があるのなら、欲しい時に買えばいいし、食べる余裕があるのなら、食べたい時に食べればいい。ただそれだけです。

「願いや望みは容易に叶う」と刷り込む

別にご褒美を頑張りの対価としなくてもいいのです。


欲しいものを買えるお金があるのなら、なるべく早く手に入れる。

食べたいものがあるのなら、なるべく早く食べてみる。

やりたいことがあるなら、なるべく早くやってみる。


こういうことを続けていれば、別の意識が潜在意識に刷り込まれるようになります。

それは、**「望んだものはすぐに手に入る、もしくは容易に手に入る」**という意識です。

これも財閥系の家系に生まれたお金持ちの方がおっしゃっていたのですが、子どもの頃に「これをやってみたい」と興味を持ったことはなるべく早くやらされた、とのことです。また、欲しいものもちゃんと親を納得させる理由があれば、すぐに与えられたそうです。なぜすぐに望むものを与えられたかというと、やはり「望んだものはすぐに手に入る、もしくは容易に手に入る」という意識を植え付けるためだったらしいのです。

そして、**「願いはすぐに叶う、容易に叶う」と意識していれば、何でも氣軽にチャレンジできるようにもなりますよね。チャレンジすればするほど経験値も上がっていくので、さまざまな状況に対応できるノウハウや知識も身についてくる。そうすると、さらに願いはすぐに叶いやすくなり、かつ容易に叶いやすくなる**わけです。

だからうまくいっている人は、欲しい物があったら躊躇せず手に入れるし、やりたいことがあったらなるべく早くやってみるのです。

もちろん、お金がなかったら欲しいものも買えなかったり、やりたいこともできないかもしれませんが、本当はあるのにお金が少し減ることを嫌がり、買いたいものを買わなかったり、やりたいことをやらなかったりする。そして、そのような欠乏と不安の意識が、さらにそのような状況を引き寄せることになるのです。

あなたの人生で一番大切なこととは

もちろん、無理してお金を使う必要はないですし、お金が減ることが何より怖い、というのならお金を貯め続けるのもいいでしょう。

ただ事実として、お金はそもそも減ったり増えたりするものですし、一時期少なくなったとしても後で取り戻すことも可能です。そのような後で取り戻せるものを心配するよりも、取り戻せないものの心配をしたほうがよほど合理的ではないですか？

その取り戻せないものの筆頭が「時間」ですよね。

時間は刻々と過ぎ去っていて、過ぎ去った時間を取り戻すことは不可能です。

時間だけはお金持ちだろうと貧乏人だろうと、どうにもコントロールできませんし、取り戻すこともできない。であるなら、時間のほうがよほど大切ということになりませんか？

お金も大事だけど、もっと冷静に考えれば時間のほうがもっと大事。それなら、その時間を有意義に使ったほうがいいですよね？　つまり、自分が楽しめること、喜べること、充実感を感じることに。

もちろん100%そうするのは無理ですが、**少しずつでもその比率を上げていく**ことが大切です。

だって、限りがあって取り戻すことができない「時間」を、つまらない、面白くない、苦痛、なんていう時間にしたくないでしょう？　あなたの毎日が、楽しめること、喜べること、充実感を感じることで満たされていれば、それ自体がすでにご褒美ですよね。

毎日が満たされれば、その毎日がご褒美になるのです。

「頑張ったご褒美」なんて、そもそも要らなくなります。

ご褒美を得るために毎日頑張り続けるか？

それとも、その毎日をご褒美にするか？

本当のあなたは、そんな毎日を生きることを望んでいるのです。

才能が開花し、本当に望んだ人生を生きるために

そのような生き方をし始めると、徐々にあなたの潜在能力も覚醒していきます。

あなたの才能が開花し始めるのです。

ごく当たり前のことなのですが、どんな場合であっても、**ちゃんと才能を開花させている人は、好きなことや楽しめること、充実感を感じることを「やっている人」**です。

作曲家になった人は、「自分でも曲を作りたい」との想いから曲作りを始め、実際に作曲という作業を繰り返したから作曲の才能が開花したわけです。

サッカー選手にしても、サッカーが好きだから一生懸命練習し、サッカーの才能が開花したわけです。

芸術、スポーツ、アカデミックなどの分野を問わず、これはすべてに言えます。

そういう意味では、面白そう、楽しそう、興味深い、と感じていても、それをやっ

てみなければ何も変わりません。

非常に当たり前なのですが、**面白そう、楽しそう、興味深い、と感じていることをやらないと才能は開花しないし、自分の潜在能力にも氣づけない**のです。

「自分には能力がない」「自分には何の才能もない」なんて感じている人は、そもそも面白そう、楽しそう、興味深い、と感じていることを無視して、何もやっていない人だったりします。

私は、誰にでも何らかの才能があると思っています。

何の能力も持っていない、なんて人は一人として存在しないと思うのです。

一人ひとりが違っているということは、一人ひとりが何らかの才能を持っているということです。

私も今では「文章がすごくわかりやすいですね」とか「文才がありますね」なんて言われることがありますが、ブログを書くようになるまでは自分で「俺って文才あるよなー」なんてことは一度たりとも思ったことがありませんでした。何しろ小学生の時に初めて書いた作文が、「ぼくは作文が書けません」という一文だけのものでしたし。

ただ、自分が興味や関心をそそられる分野をいろいろ調べたり、自分なりに実践したりしていくうちに、ブログで発信したくなり、文章を書き始めました。その過程で、「どうやら私は、難しいことをわかりやすく伝えるのが得意らしい」なんてことに氣づいたわけです。つまり、それが私の持っている才能の1つ、というわけです。

あなたも毎日がご褒美になるような生き方をし始めれば、必ずそうなります。

そして、あなたの才能が開花して、持てる能力を存分に発揮した状態が、あなたが本当に望んでいる現実を生きていることになるのです。

〈参考書籍等〉

『科学的 潜在意識の書きかえ方』小森圭太（光文社）
『科学的「お金」と「幸運」の引き寄せ方』小森圭太（ＰＨＰ研究所）
『奇跡の脳　脳科学者の脳が壊れたとき』ジル・ボルト・テイラー著　竹内薫訳（新潮社）
『思考が物質に変わる時』ドーソン・チャーチ著　工藤玄惠監修　島津公美訳（ダイヤモンド社）
「Sean Carroll Thinks We All Exist on Multiple Worlds」WIRED ２０１９年9月10日

［著者］
小森圭太（こもり・けいた）
インセティック株式会社代表取締役。
京セラ広報宣伝部、外資系企業などで長く海外および国内向けの広報、宣伝業務を担当していたが、「このまま会社員を続けていたら死ぬときにきっと後悔する」との思いから独立を決意。
独立後、コーチングを学び、経営者や営業職へのコーチングサービスを始めるも、営業や売り上げなどの数字を目標にすることに違和感を覚え、「人間が本来求めていることは何なのか」という探求を始める。同時期に「引き寄せの法則」に出合い、量子論と脳科学の解釈を加えた引き寄せ実践体験をもとに、独自の「量子論的引き寄せ理論」を構築し、現在はセッションや講座などで提供している。また、主宰するブログ「量子論と脳科学ベースの引き寄せ理論」はフォロワー2万4000人超の人氣ブログとなっており、Twitterのフォロワー数も1万を超える。
著書に『科学的　潜在意識の書きかえ方』（光文社）、『科学的「お金」と「幸運」の引き寄せ方』（PHP研究所）がある。

ブログ：量子論と脳科学ベースの引き寄せ理論
https://ameblo.jp/inthetic/

ＨＰ：量子論と脳科学をベースにした引き寄せメソッド
https://inthetic.com/

Twitter：量子論的引き寄せの法則
https://twitter.com/inthetic

科学的　本当の望みを叶える「言葉」の使い方

2020年３月18日　第１刷発行

著　者――小森圭太
発行所――ダイヤモンド社
〒150-8409　東京都渋谷区神宮前6-12-17
http://www.diamond.co.jp/
電話／03･5778･7234（編集）　03･5778･7240（販売）
装幀――――斉藤よしのぶ
イラスト――こもりみゆき
編集協力――磯野純子、佐藤悠美子
DTP制作――伏田光宏（F's factory）
製作進行――ダイヤモンド・グラフィック社
印刷――――新藤慶昌堂
製本――――本間製本
編集担当――酒巻良江

ISBN 978-4-478-11037-9